蒙田人生随笔

Les Essais

[法]米歇尔·德·蒙田 著
Michel de Montaigne

黄建华 译

海天出版社

·深圳·

图书在版编目（CIP）数据

蒙田人生随笔 / (法) 米歇尔·德·蒙田著；黄建华译. — 深圳：海天出版社，2020.1

ISBN 978-7-5507-2619-2

Ⅰ. ①蒙… Ⅱ. ①米… ②黄… Ⅲ. ①随笔—作品集—法国—中世纪 Ⅳ. ①I565.63

中国版本图书馆CIP数据核字(2019)第263345号

蒙 田 人 生 随 笔
MENGTIAN RENSHENG SUIBI

出 品 人	聂雄前
责任编辑	戚乐也　胡小跃
责任技编	梁立新
责任校对	叶 果
封面设计	蒙丹广告

出版发行	海天出版社
地　　址	深圳市彩田南路海天综合大厦（518033）
网　　址	www.htph.com.cn
订购电话	0755-83460239（邮购、团购）
设计制作	深圳市龙瀚文化传播有限公司 0755-33133493
印　　刷	深圳市希望印务有限公司
开　　本	787mm×1092mm　1/32
印　　张	7.75
字　　数	120千
版　　次	2020年1月第1版
印　　次	2020年1月第1次
定　　价	38.00元

米歇尔·德·蒙田（1533—1592）

译　序

　　蒙田作为16世纪后半叶的法国散文大家、思想家，他的名字在我国并不陌生，以"蒙田随笔"冠名的图书，坊间已出了不少，先是"选集"，后来连"全集"也有两种，而不同出版社推出的、封面印刷精美的不同译者的选集，则更是令人目不暇接。这时候，我这个老译者再来凑这份"热闹"，有此必要吗？

　　如果从服务于读者这个角度来看，我以为本"精选集"自有其独立存在的价值。我们都知道，《蒙田随笔》原著用16世纪的古法语写就，今人读起来会遇到相当大的困难；

即便在法国本土，为了让蒙田的作品令广大读者接受，也纷纷推出各种选本、注释本、解读本。在我国，"全集"未译出之前，选译本也很早就流行，光我本人主译或参译的（补梁宗岱译文）就有四种之多。后来两种全译本先后出版，可选译本发行的势头却似乎并未因此而衰退。为什么会有此现象呢？依我看，这关乎广大受众的阅读兴趣问题。"全集"的译出，当然功不可没。不过，我怀疑有多少人能饶有兴致地从头至尾把"全集"读完。我不是说译文欠佳，而是原文所存在的客观因素所致。凡读过整章的《蒙田随笔》的人都知道，其行文多半枝蔓丛生，飘忽不定，一章中的内容还常常与章题相距甚远，甚至毫无关系，一般读者未必能抓准作者想说什么；再者，蒙田喜欢引经据典，大量"掉书袋"，而所引述的往往是古罗马和古希腊作家与诗人的作品；受过西方古典文化浸淫的外国读者，对此可能觉得蛮有趣味；可苦了我国读者，他们对西方古代的人物、事件及其发生时间大都十分陌生，如果都加注释交代，光看注文，已够令人分心，调动阅读兴趣又从何谈起？

由此，"选集"便仍然享有自己的"存活"空间，幸免于被"全集"覆盖。它们选译的角度不一，有的注重哲理，有的突出人生智慧，有的则侧重生活情趣，还有的挑出精彩的语段，汇成语录式的格言集。从原书选取的次序也不同，有的据原来的章次摘出，有的则按译者个人的志趣重新安排。以上几种方式，本人大部分都曾先后尝试过，我与梁宗岱合译的《蒙田随笔》（湖南人民出版社1987年2月第一版）、我和小女黄迅余合译的《蒙田散文》（浙江文艺出版社2000年2月第一版）均根据原书各卷各章的顺序依次选译，而我独自主持的如《蒙田论生活》（团结出版社2007年4月第一版）、《蒙田人生随笔》（中国三峡出版社2008年6月第一版），则全按自己心目中所定的主题重组。此类选本的长处是易于激发阅读兴趣，却存在严重的缺陷：令人"只见树木，不见森林"，连原作者的缩影也无从窥见。有鉴于此，我便特意着手筹划这部分量不大的轻盈的精选本。

我把各种选集比作是提取不同现成材料的"拼盘"，现存的"食材"就那么一批，我这个新"拼盘"究竟有什么特别之处，值得摆出来供读者"尝鲜"的呢？

在我参与翻译的一本《蒙田随笔》（人民文学出版社2005年版）的《前言》中，我曾经写道：随笔内容尽管驳杂纷繁，但归结起来，无非涉及三个方面：

一，作者所感觉的自我；

二，他所体会的众人的生活方式和思想感情；

三，他所理解的当时的现实世界。

不拘泥原书的章次，按这三方面的内容由近及远所选的典型语段结集成册，一个粗线条的蒙田肖像便呈现出来。由此，本精选集的读者就不仅可以亲见苍翠的"树木"，还能约略看到茂盛的"森林"。以小见大，令读者"窥一斑而知全豹"，就是我这个新选本的目标。

据我推测，现今的中青年读者鲜有不知道蒙田这位法国大作家的。因为拙译的《蒙田随笔》小片段（例如"热爱生命"）多年前已被人民教育出版社选入初中的语文教科书中，大家可以借助我这个新选本，重温"蒙田"，续青少年之梦。这位西方哲人和散文家准可以拓宽我们的视野。那就让我们大家以开放的心态，参与谱写我们这个时代的新篇章！

ESSAIS

DE MICHEL
DE MONTAI-
GNE.

LIVRE PREMI
second.

A BOVRDEA
Par S. Millanges Imprimeur ord
M. D. LXXX.
AVEC PRIVILEGE D

《蒙田随笔》法文原著第一版书影

告读者

读者，这是一本坦诚的书。本书一开始就提醒你，我写它不过是为了家庭和我自己，并不抱有其他任何目的。我丝毫没考虑到为你服务，也没想到博取荣誉。那样做，是我力所不及的。我把此书奉献给自己的亲友，以便他们失去我的时候（这即将成为事实），能够重温我的为人和个性的一些特征，由此而获得对我更全面、更真切的了解。

倘若为了博得世人赏识，我就会着意装饰自己，以十分讲究的姿态出现在大家面前。我

16世纪法国学校内景

倒愿意人家在书中看到我的简单、自然、平凡的生存方式，不刻意追求，不矫揉造作，因为我描绘的是我自己。我的弱点和天然本相，在尊重公众的前提下，将会在书中活生生地展现出来。

据说，有些民族仍然按大自然的原始法则生活，轻松而自由；假如我身处他们当中，我向你保证，我同样会很乐意在书中完整地、赤裸裸地把自己描画出来的。

因此，读者啊，我自己就是本书的材料。你把空闲时间花在如此琐碎无聊的题材上，那是不适宜的。

再会了！

1580年3月1日于蒙田古堡

蒙田图书室

目　录

自画像

　　本人身材矮小粗壮，面部丰满而不臃肿。
性情嘛，半开朗半忧郁，不温不火。

　　双腿、前胸，满布浓毛。

　　　　　　　　　　——马尔提阿利斯[①]

　　我身子结实，体魄强壮，虽则年事相当，
但极少受疾病的困扰。我至此是这样，可此刻
我不认为会仍然如此，因为我已步入衰老之

---

　① 马尔提阿利斯（约40—104），古罗马诗人，以铭辞著称于世，
　　此引语即出自他的铭辞。

途，跨过了四十的岁数。

年岁渐长，体魄日衰，
盛年不再，暮境即来。
　　　　　　——卢克莱修[1]

今后的我，将不再是完整的人，不复是原来的我。我一天天消逝，已不再属于自己。

岁月之流，渐次将我们拥有的带走。
　　　　　　——贺拉斯[2]

我缺乏敏捷与机灵，不过我的生父却异常机敏，他活泼好动，直至垂暮之年仍然如此。他在与他地位相等的人们当中，找不到在体育

---

[1] 卢克莱修（约前99—约前55），古罗马哲学家、诗人。
[2] 贺拉斯（前65—前8），古罗马诗人。

运动方面可与他比拼的；我却不大能遇到比我
更差的，跑步除外（这方面我属中等水平）。
音乐方面，我没有唱歌的好嗓子，也不擅长乐
器，人家教不会我什么。舞蹈、网球、摔跤方
面，我只掌握一点皮毛。游泳、击剑、马术和

1587年的蒙田肖像

跳跃,我哪一样都不会。

我双手笨拙,写出来的东西连自己也看不上眼;竟至对自己的涂鸦之作宁愿重写一遍,而不想花心思去辨认。我朗读也不见得好,我觉得令听者感到压抑,要不然,倒是个好文员。

我不会把信折叠好加上蜡封,也不会修羽毛笔;不晓得使用餐刀,不懂给马匹套鞍辔;不会抓放猎鹰,也不会跟狗、鸟、马说话。

总的来说,我的身体状况与精神状态二者十分相称。我并不活跃好动,只是精力充沛持久。我能吃苦耐劳,但只有当我主动接受劳苦的时候,我乐于这样做的时候才如此。

乐然后不知工作之艰辛。

——贺拉斯

换言之,倘若我不是受某种乐趣吸引,若

不是纯粹出于我个人的意愿，而是受别的什么支配，我就会一事无成。因为我是这样的人：除了健康和生命令我操心之外，什么都不想去费神，而且我也不愿意以身心之苦去换取任何东西。

> 如果竟要以此为代价，
> 我宁愿不要那绿树成荫、
> 奔流入海的塔古斯河
> 夹带而下的全部金沙。
>
> ——尤维纳利斯①

因为我生性喜爱悠闲，而且十分喜欢无拘无束，我宁可献出鲜血，也不愿意消耗精神。

（选译自卷二第十七章）

_____

① 尤维纳利斯（约60—约140），古罗马讽刺诗人。

自我评价

谈到我个人的情况，在我看来，很难发现有人对自身的评价低于我的自我评价，乃至对我的评价低于我的自我评价。

我认为本人属于平庸无奇之辈，只有一点我觉得是个例外：具有最卑劣、最鄙俗的缺点，却不否认，也不寻求辩解；我欣赏自己仅仅是因为我了解自己的价值。

如果我有点自命不凡，那是性情的一时流露，且受到表面感染所致；这种自负并未影响我判断。

我被浇湿，但却没有受浸染。

　　说实在的，谈到精神产品，不管它以何种方式产生，由我产出、令我完全满意的，一件也没有。别人的赞赏也不能令我高兴起来。我的品味讲究而又挑剔，对待自己尤其如此。我不断自我否定，处处都感到自己犹疑不定，会因软弱而却步。本人没有任何东西能满足自己的鉴别力。

　　我的眼光相当犀利、准确，但真正去干，就看得模糊不清；在诗歌方面的试验就明显地表露了这一点。我极其喜爱诗歌，对别人的诗作不乏鉴别力，但自己动起手来，说实在的，却像孩童一般，连我自己也无法忍受。在其他任何方面都可以充当傻瓜，在诗歌方面可万万不行。

　　诸神，众人，张贴诗的海报柱，
　　都不允许平庸无奇的诗人留驻。

　　　　　　　　　　　　——贺拉斯

　　但愿有人把这一诗句张贴在所有出版商的
店铺门前，以拦阻许许多多蹩脚诗人进入。

　　没有谁比劣等诗人更自信。

　　　　　　　　　　　　——马尔提阿利斯

　　　　　　　　（选译自卷二第十七章）

我不想树立雕像

我不是要树立雕像，将其安置在市中的十字街头、教堂之内，或是广场之上。

我不想夸大其辞，空话连篇，

而只愿会晤相叙，娓娓交谈。

————佩尔西乌斯[①]

我这本书只配放在书架的一角，博得邻人与亲友的喜欢。他们会高兴地借此和我相叙，与我

———————

① 佩尔西乌斯（34—62），古罗马讽刺诗人。

蒙田雕像

细细倾谈。别的作者都着意谈论自己，认为这一题材丰富而且有价值，可我却相反，我觉得自己非常贫乏浅薄，人家不可能指责我卖弄自己。

我乐意评价别人的行为，但我自己的行为由于太微不足道，很少可以供人评价。

我本人没有积多少功德，说起来只会羞惭不已。

　　因而，倘若我听到有人向我谈及祖先的生活方式、面容、举止、惯常言语以及人生遭遇，我该多么高兴啊！我会非常留神细听。如果我们对友人和前辈的肖像不屑一顾，对其衣服和武器的式样十分鄙视，这肯定是不良的天性使然。至今我还保留着他们的文具、印章、祈祷书和他们个人使用过的剑。家父平常捏在手中的几根长杖条，我也没有将其移出房间。

　　子女对父亲的感情愈深，则对其衣物和戒指就愈加珍惜。

　　——奥古斯丁[1]

　　然而，如果我的后人另有所好，我也会有回报的办法：他们对我的重视程度不可能低于

_____

[1] 奥古斯丁 (约354—430)，亦称圣奥古斯丁，古罗马天主教思想家。

我那时对待他们的程度。

　　我写此书与大众的全部关系，就在于我借用了印刷工具，更为快捷，也更加方便；而作为报酬，也许我的书页会用作市集上牛油块的包装纸。

　　但愿金枪鱼和橄榄都不缺包装。

　　　　　　　　　　——马尔提阿利斯

　　我会常常为鲭鱼供应舒适的衣装。

　　　　　　　　　　——卡图卢斯[①]

　　即便谁都不读我的书，我用很长的空闲时间去整理一些有益而又有趣的思想，是不是就浪费光阴了呢？我要将自己的面貌呈现出来，

────────────

① 卡图卢斯(约前87—约前54)，古罗马抒情诗人。

常常需要做一番准备并摆正姿态，这样才好勾勒自身的形象。最后，雏形出来了，多少可以说它是自然而然成形的。向他人描绘自己的时候，我着笔的色彩比我原有的还要鲜明。与其说我在写书，不如说书造就了我。书与作者成为一体，不可分离，它是我生活中的一员，只与我发生关系。它不像其他书那样，另有目标，需要涉及第三者。

我这么认真仔细不间断地描述自己，是不

蒙田雕像近影

是浪费时间了呢？那些光凭兴之所至偶尔在口头上做点自我分析的人，不可能从本质上深入考察自己，只有为此进行研究，并以此作为工作、作为手艺的人才会洞察入微，因为他满腔热情，竭尽全力，长时间坚持详细的记录。

最令人陶醉的乐趣是不露形迹，避开众人乃至第二者的目光，虽然这种乐趣只是个人的内心感受而已。

我多少次凭着这一法儿驱除了烦闷的思绪啊！

（选译自卷二第十八章）

死之体验

那是在第二次或在第三次内战期间吧，我记不大清楚了。有一天我骑上马在离家四公里左右的地方溜达。我家处于法国内战的兵家混战争夺之地，不过我想自己还是安全的，而且离住所很近，也就没有带更多的随从。我骑的是一匹易于驾驭的驯马，但不很壮实。在回家的路上，突然发生了一件我这匹马不习惯于应付的事情。我的一名手下人，长得粗壮高大，他骑着一匹德国的高头大马，那马不听使唤，生气勃勃、壮健有力。仆人为了逞能，策马跑到他的同伴前面，径直朝我这边猛冲过来，像巨人那样以全身的冲力和重量扑向我这矮个子和小坐骑，将我撞得个人仰马翻：小驹躺倒在地上，浑然不知所向；我被抛到十来步远处，仰面倒地，脸上皮开肉绽，手持的宝剑也被摔到十来步远处，腰带则折成几段。我失去意识，昏死过去，像一段木头似的毫无动弹之力。

那是我有生以来唯一一次晕倒。我同行的人开始千方百计想救醒我，后来以为我死了，便把我抱在怀里，送我回家。那可不是容易的事，我家离出事地点约有两公里的样子。

两个多钟头过去了，大家认为我已经死去，可是半路上我又开始呼吸、动弹起来。我的胃里倒灌进许多血，为了将血排出，自然而然地来了力气。家人将我扶了起来，我大口大口地吐出鲜血。一路上我还吐了好几次。就这样，我又逐渐活了过来，不过恢复得非常缓慢。我最初的感觉与其说是接近于生，毋宁说是濒临于死。

　　因惊魂之未定，

　　未自信已生还。

　　　　　　　——塔索①

　　这一事故的记忆深深地留在我的脑海中，死的形象和死的想法自然而然呈现，令我对这种不幸的遭遇倒有点适应。我开始睁开眼睛时，视力微弱，两眼昏花，只看到阳光而已。

　　双目时开时闭，

　　人儿半睡半醒。

　　　　　　　——塔索

---

① 塔索（1544—1595），意大利诗人。所引诗句出自他的长篇叙事诗《被解放的耶路撒冷》。

至于神志的活动，它也随着躯体的复活慢慢恢复过来。我发觉自己浑身是血。的确，我的上衣沾满了自己吐出来的鲜血。我意识恢复后的第一个念头是：我头部挨了一枪。当时我们附近确实响起了一阵火枪声。我仿佛觉得自己的生命就留在嘴唇边。我闭上眼睛，就像是要促使它离开似的。我放松自己，听任人家摆布，倒也自得其乐。这种想法只在我脑子里轻轻掠过，它也像其他感觉一样十分轻柔，异常微弱。实际上，我不仅没有痛苦，反而还有一阵舒适之感，那是慢慢进入甜蜜梦乡的人的感受。

…………

我倒下的消息已先我而行，传回家里。当我快到家的时候，上前接我的家人骚动惊叫，在这种场合那是常有的事。这时我不但回答了来人的问话，而且据说我还吩咐人家把马交给我妻子乘骑；我看见她走得一跌一撞，步履艰难。那段路是上坡，很不好走。看起来，似乎我是在神志清醒的情况下表达这种要求的，不过我当时却完全不是这样。那不过是虚幻模糊的意念，只因视觉和听觉而引起，并非从我心底里发出。而我当时并不知道自己从哪里来，往哪里去，也不知道衡量和思考人家对我说的事情，其时的反应不过是感官自然而然的习惯反应。如果说心灵也在其中起作用的话，那也像在梦中的情形一样。它只被感官的模糊印象所轻轻触动，即受到微微接触或表面波及而已。

当时我的确感到异常舒适、宁静。我没有为自己感到悲伤，也没有为他人觉得难受。我只感到极端软弱无力，但毫不痛苦。我看见自己的房子，却认不出来。当家人让我躺下的时候，我觉得舒服极了，因为那班可怜的手下人，沿途抱着我走，路又长，把我折磨得够呛，而他们也累坏了，几个人轮换了两三次。

家人拿了许多药来要我服用，我一一拒绝了，我自己确信，头部已受了致命的重伤。说实在的，那时如果死去，倒是挺自在的。由于神志不清，我并没有意识到死，而身体极衰，我也感受不到任何痛苦。我飘飘然的，轻快舒适之至，不知道有什么比我当时的处境更好受的……

但过了很长一段时间以后，我的记忆开始恢复了。第二天我回想起当时看到那匹马朝我直冲过来的情景，脑子里如电光一闪，猛然一震，我仿佛从另一个世界回到尘世中来。

这长长的事故叙述，如果我没有从中得到对自己有用的启迪的话，那是没有多少意义的。说实在的，要了解死是什么，我认为只要跟它打打交道就行了。正如普林尼①所说，每

---

① 这里指老普林尼（约23—79），古罗马作家，据说此语出自其著作《自然史》。

个人都是自己研究的好对象，只要他能够注意发现自己。这不是我的信条，而是我的考察所得；这不是别人的教训，而是我自己的教训。

（选译自卷二第六章）

父慈子爱

一个父亲，获得孩子的爱（如果这也能称为爱的话），是因为孩子对他有所求，那他确实非常不幸。

应该以自己的美德和本领而赢得尊敬，以自己的仁慈和友善而博得爱戴。贵重物质成了灰烬仍有其价值；高贵人士的遗骸、遗物，我们素来敬重和尊崇。一个经历了光辉一生的人，到了暮年声名也不会因此衰朽；他们照样受到尊敬，尤其是子孙的尊敬；要以理性培养好儿孙的心灵，令其记住自己的责任，而不是以物质来强迫或引诱，也不靠粗野的方法和暴力。

如果以为，建筑在暴力之上的权威，

比之基于慈爱的权威更加牢固可靠，

那就大错特错，起码我这样认为。

——泰伦提乌斯[①]

在培育娇嫩心灵方面，我谴责一切体罚。塑造心灵为的是荣誉与自由，强迫与压制有着说不出的奴性味儿。我想，凭理性、智慧、灵巧都做不到的事情，借武力也不会取得更大的效果。别人就是这样培养我的。

人家说：我小时候只挨过两次皮鞭，而且都打得非常轻。我对自己的孩子也坚持这样做。不过他们都在很小的时候就死了，只有莱奥诺尔，我唯一的女儿幸免于夭折。她长到六

———————

① 泰伦提乌斯（约前190—前159），古罗马喜剧作家。

岁多，无论是引导她或是惩罚她的过失（母亲宽容孩子的过失是很自然的），我顶多是训斥一下，而且语气都很轻。我知道我的方法是正确的，合乎自然的。就是女儿令我大失所望的时候，也不能指责我的方法，而一定另有原因。

倘若我有儿子，我会更加慎重对待，因为男孩不像女孩那样生来要侍候他人，男子的身份要自由得多。我多想自己的儿子心中充满自由和独立的精神啊！皮鞭的教育只会使心灵更加怯懦，或越发促其坚持邪恶。我看不出有其他效果。

我们想得到孩子的爱吗？我们不愿意孩子有巴不得我们死掉的想法吧？（虽然孩子有这种可怕的心愿是不正当、不可原谅的；"任何罪恶都不以理性为基础"[1]。）那么，我们就应

---

① 泰特斯·里维厄斯（前64或前59—10），古罗马历史学家。

当尽自己的可能让孩子们生活得愉快、合理。为此，我们不宜过早结婚，不然，我们的年龄就会与儿女的年龄相差无几。这种弊端会使我们遭遇极大的困难。我这话特别针对贵族而言。那是个悠游自在的阶层，正如大家所说，就靠年金过日子。其他社会阶层要靠自己赚钱，儿女众多，而且近在身旁，这是家计的好安排：子女是发家致富的新手段、新工具。

我33岁结婚，我赞同35岁成婚的意见，据说这也是亚里士多德的主张。

（选译自卷二第八章）

及时卸套

请放明智一些吧，及时为你的老马卸套，

免它跑得气喘吁吁，失蹄倒地，成为笑料。

——贺拉斯

岁月不饶人，它自然而然地令身体与心灵极度衰退；我认为，这二者的衰退是同等的（如果心灵不是更厉害的话）；不及早认识并感受到这点乃是个错误，这一错误曾使世界上许多伟人身败名裂。我从前见过而且十分熟悉一些声名赫赫的人物，他们在美好年华阶段赢得了盛名；不难发现，我从其声名了解到的才干大部分已不复存在。为了顾全他们的美誉，我多么希望他们摆脱自己已经无法胜任的职位，归隐家中，悠游度日。

我从前常常出入一家贵族府第，主人鳏居，年事已高，但精神矍铄。他有好几个待字闺中的女儿，还有一个已届踏足社会之龄的儿子。这样一来，他家的计划外开支就很大，而且还有不少陌生来客。他对此兴趣极低，因为不但要考虑节省支出，而且由于年岁的关系，已经过着一种与我们相差甚远的生活。有一天，我以平时说话的方式大胆地跟他说：最好是让出位置来，把主屋（只有那屋家具齐全而且舒适）腾给儿子，而他则退隐到附近属于他本人的庄园里，那里再没有任何人来打扰他休息，因为，鉴于他儿女的情况，他不这样做就不可能避免干扰。他后来听了我的话，生活得很好。

　　这不等于说，对儿女作了这样的承诺之后就不可以收回。我现时的情况正可以充当长者的角色，我也会让儿女享用我的居屋和财产，但是如果他们做了违背我的事，我仍可以改变主意。我会让他们享用这一切，是因为这种享用对我已经不合适。至于对总体事务的驾驭之权，只要我喜欢，我仍然保留。我一向认为，让子女熟悉家业管理，在自己有生之年管束他们的行为，同时根据本人的经验向他们提供意见和建议，由自己把家庭的传统荣誉和规矩亲自交到继承者的手中，从而确保对他们将来的作为所寄予的期望得以实现，这对一个老父亲来说，该是多大的慰藉啊！

　　正因为如此，我不愿离开子女陪伴，而愿意就近指引他们，根据自己的年岁状况，分享他们的快乐，同度喜庆节日。

　　倘若我不在他们中间生活（因为年老多

愁，病痛缠身，我的在场不能不令他们扫兴，也不能不使自己的生活起居方式受到限制），起码我也会生活在靠近他们住处的地方，不要外表好看的，只要起居舒适。

（选译自卷二第八章）

正当的消闲之法

我安排各个小节，只是随意为之，并未按一定的章法。随着各种奇异之想浮现，我便将它们集中起来。我的想法有时纷至沓来，有时则次第而至。我希望人家看到我自然的、常态的步调，虽然并不整齐划一。我按自己的心境，信笔写来；而这里有些材料倒不容忽视，也不允许信口开河，胡说八道。

我希望对事物有更充分的了解，但我却不愿意付出高昂的代价。我的目的是悠闲地而不是劳碌地度过余生。任何东西我都不愿意为之费尽心血，就是做学问也不愿意，不论其价

ESSAIS
DE MESSIRE
MICHEL SEIGNEVR
DE MONTAIGNE,
CHEVALIER DE L'ORDRE
du Roy, & Gentil-homme ordinaire de sa Chambre.

LIVRE PREMIER
& second.

A BOVRDEAVS.
Par S. Millanges Imprimeur ordinaire du Roy.
M.D.LXXX.
AVEC PRIVILEGE DV ROY.

1580年版本的扉页

值如何重要。我在书中寻找的是正当的消闲之法。如果要学习，也只是寻求关于认识自己的学问，关于教自己如何享受人生，如何从容辞世的学问。

　　这是我挥汗的马儿朝之飞奔的目标。

　　　　　　　　　　——普罗佩提乌斯①

　　如果我阅读时遇到困难，我也不会为此费尽脑筋；经过一两番思索，我就会撂下来。

　　倘若我坚持不放，我就会糊涂起来，浪费时间；因为我是一个不善于思索的人。第一次思考，看不出问题，硬要坚持，越发不清楚。我没有喜悦情绪，就做不成任何事情。孜孜追求，极度紧张，令我判断不清，忧虑，厌倦。

――――――――

① 普罗佩提乌斯（约前50—约前15），古罗马诗人。

我的视线模糊，迷失方向。我必须收回视线，多次向目标移注，就像判断红布的光泽，目光要在布面上移动，从各个角度反复观看。

要是某本书引不起我的兴趣，我就另换一本。我只是对无所事事开始感到厌烦的时候才下功夫阅读。我不大读新书，因为我觉得古书更丰满充实；我也很少读希腊书，因为我对希腊文懂得不多，理解力还是学童的水平，判断力无从运用。

（选译自卷二第十章）

重病在身

我在和疾病做斗争，患的是最糟糕、最突如其来、最痛苦、最致命、最无可救药的病症①。发病已经有五六回了，时间都很长，而且痛苦难熬。不过，只要精神上摆脱死亡的恐惧，不因医学展示的威胁、诊断、后遗症而惴惴不安，那么，就是在这种状况下，我还是能够坚持下去的。或许是我抱着不切实际的想法吧。事实上，痛苦并未真正达到非常剧烈、尖刻的程度，一个有自制力的人还不至于发狂，

---

① 蒙田45岁时患上肾绞痛。

也不至于完全绝望。

　　我患肾绞痛起码体会到这样一个好处：那就是它教我认识死亡，而过去我是不可能下决心去了解死亡，去和死亡打交道的。我愈是感到重病在身，剧痛难忍，就愈觉得死亡并不那么可怕。我过去形成了一个想法：既然我活着，仅仅是出于生存的本能也得活下去。肾绞痛一来，坚持要活的念头被打破了。虽然疾病带来的剧痛耗尽我的体力，但却没有把我引向另一个有害的极端，即爱着生命，却宁愿死去！

　　不要怕死，也不要求死。

　　　　　　　　　　——马尔提阿利斯

　　怕死和求死，是两种值得担心的情绪，但求死比之怕死更易获得解脱的手段。

　　再者，有这么一句箴言，它郑重地告诫我

们，在忍受痛苦的时候，要保持得体的举止和不以为意的平静态度，我总觉得这是不切实际的装腔作势。哲学是只注重本质和现实的，为什么竟对外表重视起来了呢？演员和修辞大师十分看重我们的形象举止，就让他们去为外表操心吧！我们的哲学应该大胆允许受病痛折磨的人发出呻吟之声，只要这种怯懦并非出自内心，也非源于肺腑。此种有意识的呻吟与不由自主的叹息、哭泣、心跳或脸色突变，哲学上都应归于同一类。既然内心不恐惧，言语也不露出绝望情绪，我们的哲学就不必苛求了！只要思想上处之泰然，即便痛得手臂扭曲难看，那又有什么要紧呢！我们要养成这样的天性：着眼于自己而不管他人，讲求实在而不重虚架子。

哲学的任务是培养我们的智慧，就让它只作为智慧的指引者吧！我的心灵受哲理的引导，在肾绞痛的袭击下，依然能认识自己，照样保持原来的习惯。心灵与痛苦做斗争，强忍着痛苦而没有在痛苦的折磨下可耻地屈服。它因斗争而深受震撼和激发，但没有被压倒，也没有垮下来。它能够进行交流并能在一定程度上自我排遣。

在如此严重的病痛中，竟要求我们故作若无其事的姿态，那是十分残酷的。要是我们的内心活动正常，脸色难看，那又有什么要紧呢？如果发出呻吟之声，身体会轻松一点，那就呻吟好了。如果身体要活动才觉得舒适，那么就让它随意扭曲、摆动吧！如果高声呼喊，多少可使痛苦舒缓（有些医生就说，这样做有助于孕妇顺利分娩），或可分散对疼痛的注意力，那就让他喊个痛快吧！我们不是要非喊不可，而是要允许声音发出来。

伊壁鸠鲁不仅容许他的圣贤在痛苦时高喊，而且劝他这样做。

　　角斗士亦如此，他们挥起戴硬皮手套的拳头攻击敌手的时候，就发出哼哈之声，因为叫喊时全身肌肉绷紧，出拳更加有力。

　　　　　　　　　　　　　　——西塞罗①

　　痛苦的折磨，我们已经受够，别为这些多余的规矩操心了。我说这番话是想为一些人辩解，他们在病痛的煎熬和袭击下常常大发雷霆。至于我自己，到目前为止，我生病后还能保持较为沉着的神态。这倒不是我竭力维持体面的外表，因为我并不看重这种好处。病痛让我怎样表现，我就怎样表现。或许我的疼痛并未到十分激烈的程度，或许是我比常人表现得坚强一些。当剧痛难熬的时候，我也呻吟，我也怒气冲冲，但

----

① 西塞罗（前106—前43），古罗马哲学家、政治家。

41

不至于像诗中那个人物那样失态：

> 他叫痛，抱怨，呻吟，呼天喊地，
> 还连连发出尖声刺耳的凄厉言辞。
>
> ——阿克齐乌斯[1]

我在最剧痛的时候对自己做过考察，发现自己仍然能够说话、思索，还能像其他时候一样正确回答问题，不过连贯性稍差而已，那是因为受疼痛的干扰和妨碍。在被认为最沮丧而家人也都迁就我的时候，我常常试试自己的力气，主动谈些与我当时状况无关的事。我凭着短暂的努力竟然什么都能做到，不过维持的时间不太长就是了。

可我就是没有睡梦中的西塞罗那样的本

---

① 阿克齐乌斯(前170—前86)，古罗马悲剧作家。

事，他在梦中搂住一个少女，醒来却发现自己的结石排到了床单上！我的结石却令我对女人失去兴趣！

…………

我们不必去寻求奇迹，选择生僻的难题。我觉得，在我们常见的事物中，就有些不可思议的怪事、超乎奇迹的难解之谜。我们由此而生的这滴精液多么神奇呀！它不仅含有祖先的形貌特征，而且包含他们的性情倾向。这么一滴液体怎么会蕴含无穷无尽的形态呢？

这些形态在错综复杂的进程中怎么传递相似性，如曾孙像曾祖父，外甥像舅舅？罗马的雷必达一家有三个孩子（不是逐年而是间隔的），出生时同一只眼睛上面都有一块软骨。在底比斯①，有一个家庭，其成员从娘胎里就带

———————

① 底比斯，古希腊地名。

有一块标枪似的印记，谁没有这个记号就被认为是野种。亚里士多德说，某些民族实行共妻制，以容貌的相似度认定父子关系。

我的结石症来自父亲的遗传，这是可信的，他就因膀胱里长了一大块结石而痛死。他到六十七岁那年才发现这个病，在此之前，他的腰部、胸侧和其他部位都没有什么凶兆或异常感觉；他活到这个岁数，身体一直健康，很少生病；得了结石症之后，还活了七年，最后的岁月过得异常痛苦。

我出生早于他患此病二十五年，那时他身强体壮，我在他的孩子中排行第三。这种病的因子长期藏在哪里？父亲离患病还有那么多年，他把我造出来的这一点点体液，怎么会有如此长远的影响？我们同母生的兄弟姐妹很多，只有我一人四十五岁之后开始罹患此病，怎么会隐蔽得这么深？谁能把这个过程向我解释清楚，我一定会像对其他许多奇迹那样深信不疑，只要他不像别人那样，给我搬来一套比事实本身还要深奥奇妙得多的理论。

但愿医生原谅我有点放肆，因为通过这种命中注定的遗传和曲折输送，我产生了对医学的憎恶和鄙视。我对医术的这种反感来自祖传，我父亲活了七十四岁，祖父六十九岁，曾祖父将近八十岁，从未服过什么药；对他们来说，凡是不属于日常食用的东西都被视为是药物。

医学是据病例和试验而成就的；我自己的看法也这样形成。可怎能做出准确而又说明问题的试验呢？我不知道在医疗记录中能否找出三个人，在同一屋檐下出生、成长、死亡，全都按医嘱生活。

（选译自卷二第三十七章）

胸怀坦荡

我要求自己凡是敢做的事情都要敢于说出来，不可公之于众的事情想了也不开心。我最糟糕的行为和生活方式还不至于丑陋和可恶到连自己也不敢承认的程度。各人忏悔时都很慎重，其实倒应该在行动时谨慎处事。犯错的胆量一定程度上受到忏悔的胆量的左右与制衡。谁强制自己必须说出一切，就会自我约束不做任何不得不隐匿的事情。但愿我这种纵情的开放能引领众人超越源于自身缺陷所形成的怯懦品质和虚有其表，走向自由；但愿我的毫无顾忌能带动他们抵达理性的境界！

应当正视自己的毛病，研究它，把它亮出来。那些向他人隐瞒自己恶行的人，通常对自身也加以掩饰。倘若被看出毛病来了，他们就认为没有遮盖好，从自己的良心上加以回避和遮掩。

为何无人承认自己的罪过？那是因为他依然是自身罪恶的奴隶。只有醒来以后才能叙说自己做过的梦。

——塞内加①

肉体的病痛愈强烈就愈明显。原来称作感冒或扭伤的，后来发现是痛风。心灵的病痛越严重却越隐蔽，愈是病重的人愈感觉不到。这就需要用无情之手把这病抖搂在光天化日之

---

① 塞内加（约前4—65），古罗马政治家、剧作家、哲学家。

下，揭开它，将它从心底里挖出来。对待坏事和对待好事一样，有时要吐露出来才会感到舒畅。

有什么属于过错的丑事我们不应公开承认的呢？

做假会让我十分难受，故而避免替他人保守秘密，因为我没有勇气否认我知道。我可以沉默不语，但予以否认，我就会很为难，很不开心。保守秘密，应该是出于本性，而不是出于义务。

(选译自卷三第五章)

介入抑或弃权

我对大人物既不恨之入骨，也不满怀深情。我的思绪不取决于自己所受的损害，也不受制于他们给我的厚待。我对君主只怀着法律规定的公民应有的感情，这种感情不因个人私利而激发或压抑。我对自己抱着这么一种态度感到满意。对正义的公益事业我也只是一般关注，不会头脑过热。那种牵涉到个人性命和需私人情感介入的事，我是不干的。愤怒与仇恨都超乎正义的要求，那样的情绪只对光凭理性不足以尽责的人才有作用。举凡合法的、公正的意愿都是平和适度的，否则就会产生恶变，成为犯上作乱的非法意图了。我走到哪里都昂首阔步，心胸开朗，春风满面，其原因就在于此。

说实在的，我不怕承认，如果有必要的话，我乐意像那老妇人①那样，一边献烛礼拜圣米歇尔，一边供奉他的恶蛇对手。我会为正义一方赴汤蹈火，不过如果有可能，我会避火而行的。

如果势在必行，那就让蒙田庄园与公共建筑物一道沦为废墟吧！但倘若并非必要，我还是要感谢命运之神令其得以幸免。我要运用本人的责任所赋予的自由好好保存它。阿提库斯②站在正义的一方，但他拥护的那一边给打垮了。在这天下大乱、分崩离析的俗世中，他不

---

① 加尔文故事中的一名老妇，给圣者上一支蜡烛祈求保佑，给魔鬼也上一支蜡烛求其免灾。

② 阿提库斯，古罗马骑士，不主动参与政事，被奉为灵活运用自保对策的榜样。

就是靠自己的温和克制而得以自保的吗？

像他那样的平民，是比较好办的。关于这类政事，我想还是不要怀着野心厕身其间、主动参与的好。不过，处于本国四分五裂大动乱的环境中，若是依然脚踏两边，始终无动于衷，不表任何倾向，我看这种态度既不可取，也不诚实。

（选译自卷三第一章）

多少回我成非我

　　生命逐渐消逝的人是得到上帝的恩典的，这是暮年的唯一善报。这样，辞世时就不会感到死之重大与凶虐了。死亡夺去的不过是半个人或四分之一个人而已。喏，我刚才掉了一颗牙，不费力气，毫无痛苦，这便是它的自然死亡期限已至。我本人的某一部分以至好几部分已经死去，虽然我年轻力壮的时候，那些部分都非常活跃，也都十分重要。就这样，我慢慢消逝，不复是我本人了。这种衰败积累已久，却让我的智慧去感受猛然的崩溃，仿佛是整个儿到来似的，那是多么的愚蠢！我才不希望这样的事情发生呢！

　　说实在的，当我想到死的时候，我感到最大的安慰是：我的死属于正常的、自然的死亡；今后在这方面我对命运再不必祈求格外的恩惠①。世人喜欢说从前如何如何：身材比现在高啦，寿命也长得多啦。梭伦②就是那个时代的人，他却认定当时人的寿命最长不超过七十岁。我嘛，我非常欣赏古人在各方面的"居中"态度，他们认为合乎中庸才称得上完美。既然如此，我哪敢奢望长命百岁，超乎常人呢？一切违反自然进程的事物都可能带来不利，而举凡顺乎自然的事物总会给人带来愉快。

---

① 蒙田当时54岁，古代人寿命短，因此作者认为不能有更高的企求。
② 梭伦（约前638—约前559），古雅典政治家、诗人。

凡顺应自然而成之事者便应算是好事。

——西塞罗

柏拉图因此说道："由于死伤或疾病致死才能叫暴毙，因年事高而带来的死亡最轻松不过，也许还是令人愉快的哩。"

蒙田油画像

55

少年殒命，兰摧玉折，

长者故世，果熟离枝。

——西塞罗

死亡和生命始终掺和在一起，不可分离。死亡未至，我们已渐趋衰老；而我们还在蓬勃生长的阶段，衰老即已开始。我存有一些本人的肖像，那是在我25岁、35岁的时候画的。我拿来和今天的肖像对比：多少回我不再是原来的我啊！我现在的面容和当时的面容相比差别极大，那恐怕要比我将来死时容颜的差别还要大哩！

（选译自卷三第十三章）

珍爱生命

我对某些词语赋予特殊的含义：拿"度日"来说吧，天色不佳、令人不快的时候，我将"度日"看作是"消磨光阴"；而风和日丽的时候，我却不愿意去"度"，这时我是在慢慢赏玩，领略美好的时光。坏日子，要飞快去"度"；好日子，要停下来细细品赏。"度日""消磨时光"这种常用语令人想起那些"哲人"的习气。他们以为生命的利用不外乎在于将它打发、消磨，并且尽量回避它，无视它的存在，仿佛这是一件苦事、一个贱物似的。至于我，我却认为生命不是这个样的，觉得它值得称颂，富有乐趣，即便到了垂暮之年也还是如此。我们的生命受到自然的厚赐，它是优越无比的，如果我们觉得不堪生之重压或是白白虚度此生，那也只能怪我们自己。

　　糊涂人的一生枯燥无味，躁动不安，却将全部希望寄托于未来。

　　　　　　　　　　　　——塞内加

　　不过，我却随时准备告别人生，毫不惋惜。这倒不是生之艰辛或苦恼所致，而是由于生之本质在于死，因此只有乐于生的人才能真正不感到死之苦恼。享受生活要讲究方法。我比别人多享受一倍的生活，因为生活乐趣的大小是随我们对生活的关心程度而定的。尤其在此刻，眼看生命的时光无多，我就愈想增加生命的分量。我想迅速抓紧时间，以留住稍纵即逝的日子：我想凭时间的有效利用去弥补匆匆流逝的光阴。剩下的生命愈是短暂，我愈要使之过得丰盈饱满。

（选译自卷三第十三章）

要生活得写意

　　跳舞的时候我便跳舞，睡觉的时候我就睡觉。即便我一人在幽美的花园中散步，倘若我的思绪一时转到与散步无关的事物上去，我也会很快将思绪收回，想想花园，寻味独处的愉悦，思量一下自己。仁慈的大自然遵循这样的原则：它促使我们为保证自身需要而进行的活动同时也给自己带来乐趣①。它推动我们这样做不仅是满足理性的需要，而且是满足欲望的需要，破坏它的规矩就违背情理了。

———————

① 例如，饮食、睡眠、性爱，既满足人类自身的生存和繁殖的需要，同时也给人带来乐趣。

　　我知道恺撒与亚历山大就在活动最繁忙的时候，仍然充分享受自然的，也就是必需的、正当的生活乐趣。我想指出，这不是要使精神松懈，而是使之增强，因为要让激烈的活动、艰苦的思索服从于一般生活常规，那是需要有极大的勇气的。他们认为，享受生活乐趣是自己正常的活动，而其他则是反常的活动。他们持这种看法是明智的。

　　我们倒是些大傻瓜。我们说："他一辈子一事无成。"或者说："我今天什么事也没有做……"怎么！你不是生活过来了吗？这不仅是你各种活动中最基本的活动，而且是最有光彩的活动。"如果我能够处理重大的事情，我本可以表现出我的才能。"你懂得考虑自己的生活，懂得去安排它吧？那你就做了最重要的事情了。天性的表露与发挥作用，无须异常的际遇，它在各个方面乃至在暗中也都表现出来，前台、后台都一个样。我们的责任是调整我们的生活习惯，而不是去编书；是使我们的生活井然有序，而不是去打仗、扩张地盘。我们最豪迈、最光荣的事业乃是生活得写意，其余一切事情，执政、致富、建造产业，充其量只不过是这一事业的点缀和从属品。

我很高兴地得知有这么一位将军，他在自己即将进攻的城墙口下一心一意、非常洒脱地与友人一起进餐，聊家常。布鲁图斯①也一样，他在天时地利都不利于他本人而且古罗马的自由正受威胁之际，还利用巡夜的时间，偷偷花上几个小时，安心地阅读波吕比乌斯②的著作并为之作批注。心灵不豁达的人，当其陷于沉重

① 布鲁图斯(前85—前42)，古罗马贵族派政治家，曾是刺杀恺撒的主谋。

② 波吕比乌斯(前202—前120)，古罗马历史学家，留下名著《通史》40篇。

的事务堆里的时候，就不知道彻底摆脱出来。

他们不知道要拿得起，放得下。

　　噢，患难与共的勇敢的友人，

　　今天且请尽饮，好消愁解闷，

　　明天咱们就进茫茫海域航行。

　　　　　　　　　　——贺拉斯

　　（选译自卷三第十三章）

描绘人

别人在塑造人，我只是加以描述而已，而且我是描绘一个塑造得很不成功的人①。倘若我来重新塑造他，我肯定会将他造成另一个样子，但他已经定型，只能如此了。

然而，尽管我画中的线条游移多变，但笔触并没有越出正轨。世界不过是一架永恒摆动着的秋千，其中的一切事物也都在不停地摇动：大地、高加索的山岩、埃及的金字塔，莫不如是，因为它们都从属于宇宙的总运动，而

----

① 指蒙田自己。

自身又处于运动之中。所谓固定，无非是运动得稍慢一些而已。

我无法完全把握我的对象：他飘忽不定，摇摇晃晃，像醉汉那样。我此刻捕捉到的是我正与他打交道时的状况。我描绘的不是他的本质，而是他一时的形象。这所谓"一时"不是一个时期，也不是大家所说的以七年为期，而是以每天、每分钟计算的。我不得不随时调整自己的描述内容。

过一会儿，不但我的情况可能改变，而且我的意图也会发生变化。记录下来的不过是繁复多变的事态、游移不定甚至前后矛盾的思想。也许是我换了另外一个人，也许是我根据不同的情况或从另一角度看待事物。总而言之，我很可能会自相矛盾，但正如狄马德斯所说的那样：我是不会违背真实情况的。

如果我的思想能够固定，那我就不会先做

试验，而是要下定决心。但我的思想一直处于探求阶段、尝试阶段。

我陈述的是卑微的、没有奇光异彩的生活，但那又有什么关系呢？一个平常人、一个老百姓的生活也和出身高贵的人的生活一样包含着道德哲学的意味。每个人都具备作为人所必需的一切品质。

别的作家以其特有的异于他人的标志呈现于读者之前。而我却第一个以自己常人的性格，以蒙田本人，而不作为文法家、诗人或法学家和公众见面。如果有人抱怨我谈自己谈得太多，我是会对那些不想想自己的人表示不满的。

（选译自卷三第二章）

飘忽无定

　　我密切地注视自己，眼睛不停地盯在自己身上，就像一个没有什么身外事要做的人那样。

　　不在乎北国谁家君主施威，
　　不问底里达特王①因何失势。

　　　　　　　　　　　　——贺拉斯

　　我发现自己卑微和软弱，好不容易才敢说出。我立足虚浮不稳，觉得会随时摇晃，失去

────────────

①　底里达特王，亚美尼亚几代国王的称谓。

平衡。我的目光无定，自感空腹、饭后都不一样。当我身强体壮或是风光明媚的时候，我便和颜悦色、喜气扬眉；但如果脚趾长了鸡眼，我就会愁眉苦脸，对人不予理会。

同一匹马的步伐，有时我觉得沉重，有时则觉得轻快；同一段路，这一回我觉得很短，另一回我又觉得很长；同一样事物，有时觉得有趣，有时则感到乏味；某个时候我什么都能够做，换另一个时候我什么都做不了；此刻我认为那是乐趣，过后可能变为苦恼。

千种变化无常的行为，万般反复不定的思绪，集于我一人之身。我既郁郁寡欢又暴跳如雷，有时是愁肠百结，不能自已，有时却满怀欢畅。某一时候我捧起书本，读到某些段落，会觉得美妙之极，激起内心的波澜；换一个时候再读这些段落，不管如何反复翻阅，如何琢磨，我总觉得晦涩难懂、兴味索然。

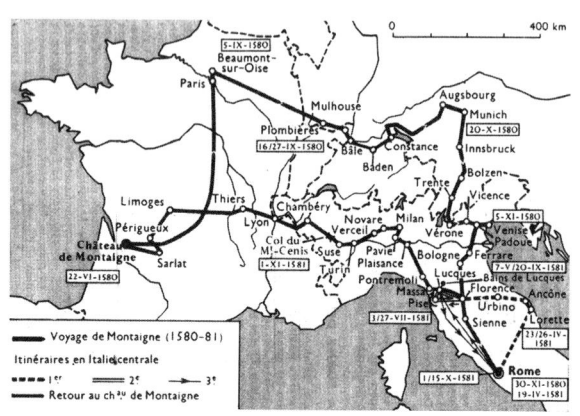

蒙田曾游历的路线

　　就我自己所写的东西来说吧，我也有许多时候体会不出原先的想法，不知道自己想说什么。我费神去修改一下，要放进一点新意思，因为已忘掉原来更有价值的含义。

　　我不断前进，复又折回，反反复复，思想总不能笔直前行，而是飘忽无定，东游西窜。

　　宛如大海上一叶扁舟，

在狂怒的风暴中漂流。

——卡图卢斯

多少回（有时我乐意这样做），我支持与自己的见解正相反的观点，以此作为练习或作为消遣；我的脑子开动起来，转向这个方面；我完全专注于此，竟觉得没有理由坚持原先的意见，于是干脆把它放弃。可以说，我是随自己的倾向行事的，不管是倾向哪一边，我自身的重力带我前进。

任何人只要像我那样观察自己，在谈及本人的时候，都会说出差不多类似的话来。

（选译自卷二第十二章）

享受退隐生活的乐趣

咱们来听听小普林尼①关于退隐问题给他的友人卢夫斯的忠告："我劝你，在这种充实、宽裕的退隐生活中，把卑微的、令人厌烦的家政之事留给手下人去做，你只专心致志研究学问，从中获得一些完全属于你本人的东西。"他这里指的是声誉。他和西塞罗的性情相似。西塞罗说过，他愿意利用退隐及离开公务的空闲时间著述，以博取不朽的名声。

———————

① 小普林尼（约61—约113），老普林尼之外甥及养子，古罗马作家，曾任执政官。

你有学问却不被人知晓，

你的知识岂不就湮没了？

——佩尔西乌斯

　　既然谈到要从社会退隐，留意自己身外的情况看来就不无道理了。有些人只做了一半，为将来自己不在的日子作了安排，却从一种可笑的矛盾逻辑出发，还要从自己将要退隐的社会中获取自己设计的成果。有些人出于虔诚之心，寻求退隐，内心充满着寄希望于圣洁的彼岸生活的坚定信念；这种人的想法要健康得多……

　　因此，小普林尼的忠告所提的目的和方法，我都不赞同。我们总是从某种糟糕的处境落入更糟糕的境地。埋头读书跟其他事情一样费力，也同样不利于健康，而健康是首先要考虑的。不要被读书所感受的乐趣弄糊涂了：爱财如命的持家人、吝啬鬼、享乐狂、野心家，就是被这样的乐趣所断送的。

先哲多次教导我们，要谨防欲念害人，要学会把真正而完整的乐趣与夹杂许多痛苦的乐趣区分开来。他们说，大多数乐趣，就像埃及人所称的腓力斯强盗那样，迎合我们，拥抱我们，为的是把我们掐死。我们如果醉酒之前已感到头痛，就会避免多喝。可那快感为了蒙蔽我们，自己却走在前头，而把恶果隐藏在身后。

书籍可给人带来乐趣，但是，啃得太多，最后便兴味索然，还要损害身体，而快乐和健康却是我们最可宝贵的。倘若结果竟弄到有损身心的地步，那就抛开书本吧！有人认为，从书上所得的弥补不了所失的，我是同意这种想法的。长期以来感到身体不适、健康欠佳的人到头来只好听从医生的吩咐，请大夫规定一定的生活方式，不复逾越；退隐的人也是如此，他对社交生活失去兴趣，乃至深感厌烦，只得按理性的要求设计隐居生活，通过深思熟虑，凭自己的见解好好地加以安排。他应当排除一切劳累困扰，不论它以何种形式呈现；他也应当摆脱有碍于身心宁静的世俗之欲，而选择最符合自己性情的生活道路。

各人都要选择适合自己的途径。

——普罗佩提乌斯

无论主持家政、钻研学问、外出行猎或处理其他事务，都应当以不失其乐趣为限度，要注意不要超过这个极限，不然苦便会开始掺进乐中。

从事学习、处理事务是我们保持良好状态的需要，也是避免另一极端（即慵懒、怠惰）所引起的不适的需要；我们的用功、处事就只应以此为度。

有些学科没有成效而且艰深难懂，那多半是为群氓而设的。就让那些媚俗的人去探讨它们吧！我嘛，我只喜欢有趣而且易读的书本，它们能调剂我的精神。我也喜欢那些给我带来慰藉、教导我很好处理生死问题的书籍。

我默默地漫步于幽林之中，

思考那值得圣哲探究的问题。

——贺拉斯

智慧在我之上的人们，由于具有刚强的、充满活力的心灵，可以为自己安排纯粹精神上的休息生活。至于我，我只具备常人的心灵，得借助肉体之乐来维持自己。年事已高，与我原先口味相符的乐趣已离我而去。此刻我正培养和激发自己的欲望，使之能领受比较适合我这个年龄的欢乐。我们务须全力抓紧去享受生活的乐趣，消逝的岁月正将我们贪恋的欢乐逐一夺走。

尽情享乐吧，我们只此一生。

明天你只留下余灰，化作幽灵，一无所剩。

——佩尔西乌斯

至于小普林尼和西塞罗提出的追求声誉的目标，这与我的想法相去甚远。同退隐最为相左的精神状态，莫过于野心勃勃。声望和安宁是互不相容的两回事，在我看来，他们两人只把双臂和两腿伸出尘世之外，心灵和思绪却比任何时候都更深地扎进尘世当中……

（选译自卷一第三十九章）

万物各有其时

哲人们说：年轻时应做准备，年老时享受其成果。他们注意到我们天性的最大弱点，就是欲望层出不穷。我们总是不断地开始新的生活，我们的企求和欲望总有一天该感受到年迈的状况。

我们一只脚已踏进了坟墓，而我们的欲念和追求却不断地萌生。

死前你请人凿石造墓，

竟然把建坟之事忘却，

却为自己营造了华屋。

——贺拉斯

我自己最长远的计划都不超过一年时间；自此之后，我想到的只是自己的辞世。我抛开一切新的追求和事业，向我行将离去的地方——作最后的告别。每天我都在放弃自己所拥有的东西。

很久以来，我无失亦无得；我行囊的储备已足够满足我人生旅途的需要。

——塞内加

波尔多的蒙田墓

我已生活过，我走完了命运给我指定的旅程。

——维吉尔①

我在老境到来的时候，终于感到如释重负；年事已高，生活中让我深受困扰的许多欲望和牵挂都减弱下来。世界的进程，财富、地位、学识、健康乃至自我，都不必操心了。

有人在应该学会永远沉默的时候，却在学习说话。

任何时候都可以继续学习，但不是课堂上的学习。老态龙钟的长者还在学ABC，太滑稽了！

不同的人，具有不同的爱好，

———————

① 维吉尔（前70—前19），古罗马诗人，代表作为史诗《埃涅阿斯纪》。

不同的事物适合不同的年龄。

——韦加卢斯[1]

如果一定要学，就进行一些适合目前情况的学习，以便像古人那样回答问题。有人问那位古人，衰老之年学来何用？他答道："为的是更舒坦、更洒脱地离开人间。"

（选译自卷二第二十八章）

---

[1] 韦加卢斯，公元6世纪下半叶的罗马帝国时期诗人。

世界——学童的大书

通过与世界的频繁接触，人提高了判断力，令自己明察秋毫。我们都紧缩在一处，极受局限，只看见眼前的事情。有人问苏格拉底是哪里人，他不说是"雅典人"，而回答说："世界人"。他把宇宙作为自己的家乡，想象力何等丰富，视野何等开阔！他将学识、关怀、爱心投向全人类，可不像我们那样，只注视眼皮底下的事情……

…………

这个大千世界，有人认为具有多元成分，各个部分正层叠倍增。它是一面镜子，我们都应该对镜自照，以便正确地认识自身。总之，我希望世界是我自己学习的必读书。世界上有如此多的性情、派别、主张、意见、法律、习俗，我们可以从中学会正确地判断自己，培养我们的判断力，认识自身的缺陷和先天弱点。这并不是无足轻重的学习。世界上存在如此多的政治动乱、社会剧变，让我们认识到，不管历经何种变迁，都不必感到太过惊讶。多少英名、多少胜利、多少占领都湮没在历史中，而我们却希望凭抓住十名弓箭手，攻下一个鸡窝般的工事就能名垂千古，这种念头是多么可笑！多少令人骄傲并引以为荣的外国排场仪式，多少雄伟壮丽、傲视一切的宫廷、官邸，令我们的目光受到锻炼，坚定起来，能够直视自己的豪华光彩而不必眨眼。多少人在我们之前已经长眠地下，令我们勇气倍添，而不害怕到另一个世界去寻找良伴。其余的，也是如此。

毕达哥拉斯①说，我们的生活就像庞大的、人员众多的奥林匹克运动会。有些人在那里锻炼身体，为的是参加比赛，博取名次；另一些人搬运商品到那儿出售，为的是挣钱；还有一些人（他们不是最坏的），并不谋求什么，而只是旁观每件事如何进行，为什么会这样进行；他们只作为他人生活的观众，以便作出判断，调整自己的生活。

（选译自卷一第二十六章）

---

① 毕达哥拉斯（约前580—约前500），古希腊哲学家、数学家。

轻哀多言，大哀静默

　　的确，痛苦到了极点，其力量就会摇撼整个心灵，使其失却活动自由，正如我们有时会发生这样的情况：骤然得知一个坏消息，惊得失魂落魄，呆若木鸡，到后来才放声痛哭，发出哀诉，心灵似乎才得到排解，觉得较为舒适、轻松。

　　痛苦终于迸发出哭声。

　　　　　　　　　　　　——维吉尔

斐迪南国王①在布达附近对匈牙利国王遗孀作战的年代，德国将领拉伊斯亚克看见运回了一名骑士的尸体；大家都知道这骑士在战场上表现出众，为他的丧生深表惋惜。那位将领像其他人一样，出于好奇心，要看看死者到底是谁。当尸首被卸下盔甲之后，他才认出原来是自己的儿子。在场的人都洒下了眼泪，唯有他，呆然地站立在众人当中，无泪，无声，眼神凝滞，一个劲地盯着儿子的尸体，到后来，悲伤过度，血脉冰凉，僵直地倒在地上。

能说出灼烧得如何的人，

他所受的就不是烈火。

——彼特拉克②

———————

① 指斐迪南一世（1503—1564），曾继承捷克和匈牙利王位，后为日耳曼皇帝。

② 彼特拉克（1304—1374），意大利诗人。

87

恋人们就是这样表达无法忍受的激情的：

我啊，多么可怜！
五官全不听使唤。
莉丝碧①，我才见你，
就已经神迷意乱。
舌头麻木而不成声，
爱火将我全身燃遍。
双耳嗡鸣而失聪，
眼前黑糊糊一片。

——卡图卢斯

因此，情感到了最激烈、最炽热的时刻，并不宜表达我们的幽怨和感受；其时心灵受着沉重思绪的压抑，躯体则因情爱而弄得疲惫不

---

① 莉丝碧是古罗马抒情诗人卡图卢斯（约前87—约前54）对其情人克萝狄娅所用的化名，可能是为纪念希腊女诗人萨福而取。

堪，有气无力。

于是，有时候就会突然产生恋人们所感受的那种不期而至的眩晕；由于激烈过甚，就在欢乐的高潮中，一阵冰冷骤然袭击全身。凡是容许品味和慢慢消受的激情都不过是一般的激情。

轻哀多言，大哀静默。

——塞内加

喜出望外同样也会使我们大为震惊：

她看见我走来，由特洛伊队伍簇拥着，
骤然一惊，仿佛是眼见幽灵出现；
她顿时目光凝滞，全身上下凉遍，
昏倒在地，许久许久才再张口开言。

——维吉尔

（选译自卷一第二章）

谈闲散

我们看到，闲置的土地如果肥沃和富饶，就会长满千万种无用的野草；而为了令土地发挥其效能，就得加以清理，播上种子，使之为我所用。我们也看见，妇女自个儿就生出不成形的肉团和肉块，为了获得良好的、正常的后代，就必须让她们有另外的关系受孕。心灵的情况也一样，如果不让一定的念头占据，使之受到限制、约束，它就会在想象的荒野中胡乱奔驰。

正如铜盆里颤动的盛水，

映出艳阳或明月的影像；

飘忽的光线在空中飞旋，

直达那高高的天花板上。

—— 维吉尔

在这种骚动的心灵中，什么痴念、妄想都可以产生出来。

他们心造幻影，如同病人做梦。

—— 贺拉斯

心灵缺乏预定目标，就会迷失方向。常言道，无所不在，就等于无所在。

四处为家者，也就是无处为家。

—— 马尔提阿利斯

最近我退隐在家①，决意尽可能不理旁事，悠闲独处，以度余生。我以为，让心灵安闲自得，自我倾诉，憩息退避，随其所喜，这是对它最大的照顾了。我指望，从此心灵的活动更为自如，随着时间推移，益发稳健，也愈加成

远眺蒙田古堡

---

① 蒙田于1571年初隐居于自己的古堡中。

熟。然而，我却感到——

  闲散令心灵不专，飘忽无定。

        ——卢卡努斯[①]

  它像脱缰的野马，为自己思虑的事比为他人思考的多出一百倍；脑子里幻影丛生，怪象迭现，杂乱无章，无一定主意。为了从容审视这些怪诞不经的念头，我开始将其记录下来，希望日后令自身感到羞愧。

       （选译自卷一第八章）

——————

① 卢卡努斯（39—65），古罗马诗人。

谈撒谎者

没有人比我更不适宜谈记忆力了，因为我脑海里几乎留不下印迹，我不认为世界上还有其他人的记性如此奇差。

…………

有人说，自觉记性不好的人，别公然撒谎，这话说得有道理。我知道，文法学者把"说假"和"撒谎"作了区分。他们指出，"说假"是讲一段假话，人家竟信以为真；而拉丁语"撒谎"一词的定义（法语即起源于拉丁语），则包含"违背良心"的意思；因此，这仅仅涉及那些言与心违的人。我现在谈的正是这种人。

他们这些人，要么就彻头彻尾凭空捏造，要么就掩饰或歪曲主要真相。他们进行掩饰或窜改时，倘若常常要他们复述，他们就难保不露马脚；因为，真实的情况最先进入记忆之中，通过认知的途径打下印记，很容易呈现在我们的脑海里，挤掉那种没有基础或根基不稳的虚构；而原先了解到的情形，也会时常潜进脑子里，不难把那些添枝加叶、胡编乱造的东西从记忆中消除。

至于他们整个儿捏造的东西，由于没有任何相反的印象去动摇他们的虚假，似乎他们不大担心露馅儿。然而，就是这种无中生有的东西，由于是子虚乌有之物，无根无据，如果并非确有把握，也很容易忘记。在这方面，我常常有所体会；有趣的是，那些说话只看是否对自己所处理的事情有利，是否讨大人物喜欢的人倒并不得益。因为，他们要把自己的信义和良知加以屈就的那些情况也进行歪曲，所以他们的措辞就得随之而变；于是，同一事物，他们一会儿说灰，一会儿说黄；对这个人这么说，对另一个人又那样说。如果他们偶尔把那些习得的彼此矛盾的话合在一起来说说，这种巧妙的伎俩又成了什么东西！且不说，稍一不慎，就常常露出破绽；因为，他们要记住为同一事情所编造出来的形式如此众多的谎话，该有多好的记性才行！我见到现时有好几个人正追求这种漂亮技巧的声誉，他们却不了解，名声可求，而效果却不可得。

事实上，撒谎是可恶的陋习。我们是人，全靠语言来维持彼此的关系。如果我们了解撒谎的丑恶和严重危害，我们就会像对待其他罪过那样，对此更为严加追究。我发现，人们常常为孩子们的无知小过而极不恰当地大费功夫去惩罚他们，为他们的一些不留痕迹、不至造成后果的轻率举动而对其大加折磨。在我看来，唯有撒谎和稍次的固执己见，才是我们急待防止其萌生和滋长的陋习。这种陋习随孩子们的成长而发展。令人吃惊的是，一旦说出了谎言，要收回去就不可能了。于是，我们看到一些在其他方面可说是诚实的人，却陷于这种陋习之中而无法自拔。我有一名很不错的裁缝伙计，我就从未听他说过一句真话，即便说真话对他有利的时候也是如此。

　　假如谎言和真话一样，只有一副面孔，那我们的情况会好得多，因为我们对撒谎者的话反其意去理解就行了。可谎言却呈现千百种面貌，其范围无边无际。

（选译自卷一第九章）

关于谈吐的快慢

人并不具备全部的天赋。

——拉博埃西[1]

因此，就口才的天赋而言，我们看到，有些人说话灵便、快捷，正如大家所说的出口成章，就像随时都做好准备一样；另一些人则较为迟钝，不经斟酌、考虑，就什么也说不出来。

…………

看来，行动迅速、敏捷，更多的是性情所

---

[1] 拉博埃西（1530—1563），法国作家，蒙田在波尔多议会的同事和友人。——译注。

致；而处事缓慢、稳重，更多的是判断力使然。有的人，如果没工夫做准备，就会木讷无言；有的人，花工夫准备了，却不见得讲得好一些；二者都同样叫人不可思议。

据说，卡西乌斯①事前不加思索讲得更加精彩，他与其说是靠用功，倒不如说是靠临场发挥。谈话时被打断反而对他有利，故对手不敢刺激他，怕他被激怒后益发能言善辩。我凭经验知道，这种天性忍受不了事前周密、紧张的思考。如果不让其欢欢快快地自由发挥，就做不出什么有价值的事情。我们谈起某些作品，说它带有臭油灯的气味，就因为过度雕琢使作品显得板滞而生涩。而除此之外，力求完善的焦虑，对所从事的事情过于在意和紧张的精神专注，都会使天性拘束、受阻、崩溃，就像汩

---

① 卡西乌斯（前85—前42），古罗马雄辩家、历史学家，同时也是讽刺作家。

涌、充沛的激流，被挤到狭窄的出口处，不能通过。

我所谈及的这种天性，它还有这样的特点：不求强烈情绪的推动和刺激，例如无须像卡西乌斯那样被激怒（这种震动太强烈了）。它不愿受强烈的摇撼，而只需适当的激励。它愿意受即时的、偶然的外部情况所激发和唤醒。如果独处，它会拖拖沓沓，萎靡不振。振奋是它的生命和魅力。

我本人无法很好地控制和掌握自己。偶然因素对我有更大的支配力。情境、伙伴乃至自身嗓音的颤动都能激发我的心灵，比起我独自探测和运用它的时候所获得的东西还多。

因此，如果可以对没有什么价值的事物进行挑选的话，那么言语要比文章更有分量。

有时我也遇到这样的情况：在探索自己的地方却找不到自我。我认识自己，更多的是因偶然的机遇，而不是出于刻意寻求。写作时，我可能写出一些难于捉摸的东西（我想说的是：别人看来我欠琢磨，而在我看来已经够雕琢的了。抛开一切客套话吧！这些事情说起来，各人有各人的分量）。这种微妙之处，我已经遗忘，连自己也不知道当时想说什么。有时局外人比我更先发现其意义。如果在发生这种情况的场合我都带刮刀，那么我整卷书就可能会给删掉。有时，偶然的感触会令我心里透亮，其光芒胜似正午的阳光，使我对自己的犹疑感到惊讶。

（选译自卷一第十章）

藐视死亡

我们把死亡、贫困和痛苦视作我们的主要敌手。

一些人称死亡为恐怖中之最恐怖者，殊不知另一些人却称之为人生苦难的唯一避风港、自然之至善者、人生解脱的唯一依靠，也是治疗百病的通用而速效的良方，可不是这样吗？有些人，面临死亡，惊恐万状；另一些人承受死比忍受生更轻松。

有人抱怨死神太随和：

死神哪！但愿你拒绝懦夫，

而只接纳勇士的献身！

——卢卡努斯

不过，且不谈这些光彩的勇敢者吧！面对那威胁他、要把他杀死的利西马科斯[1]，狄奥多罗斯[2]回答道："你只需有斑蝥[3]之力，就能完成此暴举！"大多数哲人，或是为自己的死亡着意预作安排，或是加速和促成死亡的到来。

我们见过多少赴死的普通民众（面临的不是自然的死亡，而是带有羞辱、有时是充满痛苦折磨的死亡），他们一些人是由于坚忍，一些人是出于自然的单纯心态，都显得十分从容

---

① 利西马科斯（约前361—前281），马其顿将军，亚力山大大帝的将领之一，亚历山大死后，成为色雷斯国王。

② 狄奥多罗斯（约前1世纪），古希腊昔兰尼派哲学家，主张寻求快乐为人生目标。

③ 斑蝥为鞘翅目昆虫，有毒性，用它制成的粉末可引起发疱，导致剧痛。

镇定，看不出与平常的举止有什么异样。他们照样处理家事，求助朋友，唱歌，讲道，向民众说话，有时还开上几句玩笑，而且为朋友的健康干杯，表现与苏格拉底无异。

某人被拉往绞刑架，还提出不要从某条街经过，说是由于旧债未还，有一名商人可能揪住他不放；另一个人竟向刽子手说，不要碰他的喉部，以免他笑得不可开交，因为他怕痒痒怕得厉害；还有一个人，对来听忏悔的神甫说道（那神甫对他许诺说，他死的当天将与天主共进晚餐）："你自己去好了，我嘛，我要守斋。"还有一个人问刽子手要水喝，那刽子手先喝了再给他，他拒绝跟在后面喝，说怕染上梅毒。

大家都听说那庇卡底人的故事：他已被置于绞刑台上，人们将一名妓女带来给他，跟他说，如果他肯娶她，可以饶他一命（我们的法

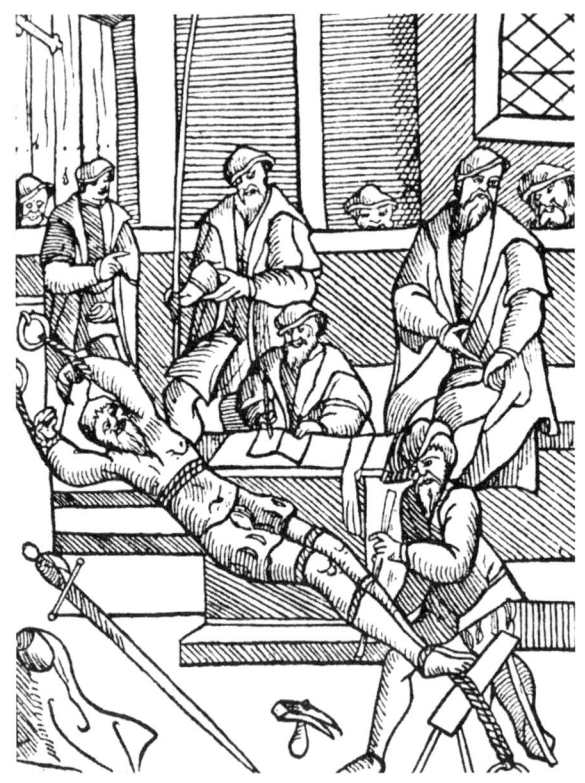

被告受审，16世纪的刑罚景象

律有时允许这样做）。他端详这女子半晌，发现她拐脚走路，便说："捆吧，把我捆牢吧，她是个瘸腿女人！"

据说，在丹麦也发生过此类事件：有个人被判斩首，已上断头台，人家向他提出同样的条件，他也拒绝了，因为送给他的女子脸颊下垂，鼻子太尖。

（选译自卷一第十四章）

挑战痛苦

只有疼痛而无其他危险的痛苦，我们都说不要紧。牙痛，痛风，不管多么难受，由于并非致命，谁会视作大病？现在我们来假设，面临死亡，主要是着眼于其中的痛苦。同样，贫穷之所以可怕，无非因为它把我们投进痛苦的怀抱，要我们忍受饥渴、寒冷、酷热、熬夜。

那么，就让我们仅仅面对痛苦吧！我同意，而且乐意这样认为：痛苦是我们生存最大的祸害，因为我是世界上最憎恶痛苦、最想避开痛苦的人；虽然到现在为止——感谢上帝！我还没有认真与之打过交道。不过，此事在于我们自己。通过我们的坚忍，纵使消除不了痛苦，起码也会减轻它；即便身体受冲击，至少保持心灵与理智的坚定不移。

如果不是这样，我们当中还有谁会推崇德行、勇敢、力量、大度和果断呢？如果没有痛苦要挑战，这些品质又在哪里显示出来呢？

勇武渴望危险。

——塞内加

如果无须露宿野地，全身盔甲忍受正午的烈日，吃驴马肉果腹，眼见自己遍体鳞伤，从骨缝中拔出子弹，忍受缝合、烧灼和针探之苦，又从哪里去获得我们想要的超越常人的长处呢？

不要躲避祸患和痛苦，正如哲人们所说的，在某些同样有益的事情中，越艰苦的就越值得去做。

寻欢作乐、嬉笑、嗜赌是轻浮的伴侣，事实上沉溺其中的人并不感到幸福，而在愁苦中，由于坚定和刚毅，倒常常找到幸福。

——塞内加

（选译自卷一第十四章）

在乎自身

　　原来富足和贫困取决于个人的看法；财富，乃至荣誉与健康，只有拥有者觉得美好和快乐，才是美好和快乐的。是好是坏凭各人自己的感觉，不是人家认为他幸福他就幸福，而要他自己认为才是。只有相信这一点才真实可靠。

　　命运对我们既不好也不坏，它只给我们提供材料和种子；我们的心灵比命运强大，可以随意改变和利用它；心灵是幸运处境或不幸处境的唯一原因和主宰。

　　外部附加物从内部结构获得气味和色彩，正如衣服给我们暖身，其热量不是来自衣服，而是来自我们自己，衣服适宜于保暖和储热而已；如果拿它去盖冰冷的物体，它同样会起保冷的作用。冰雪就是这样储存的。

同理，学习对于懒汉，戒酒对于酒鬼，肯定是种折磨；而节俭对于挥霍的人是苦事，锻炼对于体质虚弱和游手好闲的人则是刑罚，其余亦如此。事情本身并不那么痛苦，也没有那么困难，而是我们的软弱和怯懦造成这样的。要判断事物的伟大和高尚，就得有伟大和高尚的心灵，不然我们会把自己的卑劣加之于事物。一支笔直的船桨在水里似乎是弯曲的。重要的不仅仅是见到事物，而是以什么方式看待它。

（选译自卷一第十四章）

谈恐惧

我木然发愣，头发直竖，张口无言。

——维吉尔

我不是一个好的博物学家（正如人们所说）；我不大了解恐惧通过什么机理在我们身上起作用，但无论如何，这是一种奇怪的激烈情绪。医生们说，没有任何别的情绪比它更快令人判断失常。的确，我见过很多人因恐惧而疯癫；惊恐持续的时候，连最冷静的人也会张皇失措。

且不提那些俗人，他们因恐惧有时竟看

见先人裹着尸布从坟墓里出来，有时又见到狼人、妖精、怪物。按理说，当兵的应该是胆子大的吧，可由于恐惧，他们不知多少次把羊群看作装甲骑兵队，把芦苇和竿子看成执长矛的武士，把朋友当成敌人，把白十字架当成红十字架？[①]

当德·波旁爵爷攻打罗马时，守卫圣彼得镇的一名旗手，一听到警钟声便吓得失魂落魄，竟从废墟的墙洞中跃出，手举军旗，冲往城外，径直奔向敌人，还以为自己往城里跑呢！德·波旁爵爷则以为城里人出来迎战，便摆开阵势来拦截他。他这时才恍然大悟，便转过身来往回跑，从原洞钻回城里；其时，他从洞里出来，深入战场已有三百多步了。

朱伊尔将军的旗手却没有那么幸运。当布

---

① 宗教战争时期，天主教徒以白十字架为标志，新教徒以红十字架为标志。

蒙田古堡中塔楼各层的用途

尔伯爵和德勒爵爷攻取我们的圣波尔镇时，他受惊过度，竟携旗从城墙炮眼冲向城外，遭围城者碎尸万段。还值得一提的是在同一次围城中，一名贵族吓得魂飞魄散，心脏突然停止跳动，直挺挺地倒在垛口死去，身上无一处伤痕。

有时候，恐惧波及群人。在小日耳曼尼库斯和日耳曼人的交锋中，两支大军都极度惊恐，各自往相反的方向逃跑，一支逃向另一支出发的地方。

恐惧有时给我们的脚跟插上翅膀，如前面两个例子；有时它又给我们的双脚钉上钉子，使之动弹不得，就如史书上记载的狄奥菲洛斯[①]皇帝。他在输给阿加雷纳人的战役中惊得丢魂失魄，木然伫立，竟想不到要逃跑。

———————

① 狄奥菲洛斯(?—842)，拜占庭皇帝(829—842年在位)。

从蒙田古堡塔楼外望可见的景象

吓得连逃生也害怕。

——坎图斯·库尔提乌斯①

直至他军中的一名主将马尼埃尔猛拽他，
摇晃他，才使他从沉睡中清醒过来。那主将对

---

① 坎图斯·库尔提乌斯（公元1世纪），古罗马历史学家，著有10
卷本的《亚历山大史》。

他说："要是您不跟我走，我就杀了您；您丢了性命，总比当了俘虏而致毁掉帝国要好。"

恐惧使我们失掉尽责和捍卫荣誉的勇气，然而也会显示最后的威力，促使我们奋不顾身。在罗马人输给汉尼拔①的第一场激战中，桑普罗尼乌斯执政官麾下的一支万人步兵队伍，张皇失措，不知往哪儿逃命，竟冲进敌军的主力部队中，奋力突围，杀死大量迦太基人：以同样的代价原本会赢得光荣的胜利，却凭此补救可耻的逃窜。我最忌惮的，就是恐惧本身。

因此，恐惧的严酷超过其他一切考验。

有什么情绪会比庞培②的朋友们所感受的更强烈、更合情理？他们在庞培的船上目睹那场可怕的大屠杀。其时，埃及的战船开始向他

① 汉尼拔（前247—前183或前182），迦太基统帅，他在坎尼战役取胜时才31岁。

② 庞培（前106—前48），古罗马统帅，政治家。

们逼近，惊慌情绪叫人喘不过气来；据说他们只顾催促水手加快划桨逃生，一直逃到提尔①才从惊恐中恢复过来；他们回想起刚刚遭受的损失，不由悲痛不已，热泪纵横。原先是另一种更强烈的情绪（恐惧）把哀痛暂时压下去了。

"当时恐惧夺去我内心的全部勇气。"②

有些在战斗中被痛击的人，伤口尚在，血流未止，明天就可以领他们再上战场。但那些对敌人已心存恐惧的人，你就是仅仅让他们正面直视也做不到。他们生怕失去财产，担心遭流放、被关押，生活在无休止的忧虑之中，食不知味，夜不成眠；而那些穷人、流放者和奴隶倒常常像其他人一样快快乐乐地过日子。由

———————

① 提尔，古代腓尼基城邦，即今黎巴嫩的苏尔。
② 此语出自古罗马诗人恩尼乌斯，为西塞罗所引用。

于忍受不了惊恐的刺激，多少人上吊、投河、跳崖。这就告诉我们：恐惧比死亡更折磨人，更令人难受。

希腊人还知道另一种恐惧，它并非因判断失误而致。据他们说，没有明显的缘由，而是受上天的意愿所推动，全体民众、整个军队都受恐惧支配。给迦太基带来异常巨大灾难的正是这种情绪。居民都从屋里出来，仿佛听到警钟召唤，彼此攻击，互相蹂躏、残杀，就像敌人已经占领了他们的城市，一切都陷入混乱和动荡之中，直至他们以祷告和献祭平息神明的盛怒为止。他们管这叫做莫明其由来的恐怖。

（选译自卷一第十八章）

要在死后才评价我们的幸福

人哪，要等到最后那一天；

在死亡和葬礼来临之前，

没有谁能声称自己幸福。

——奥维德①

关于这一点，孩子们都知道克洛伊索斯王的故事。他被居鲁士俘虏，被判处死刑，临刑时他高声喊道："啊，梭伦，梭伦！"居鲁士接到报告，便询问他这是什么意思。克洛伊索斯

---

① 奥维德（前43—17），古罗马诗人，著名作品有《变形记》《爱的艺术》等。

便让人告知居鲁士，他的经历验证了先前梭伦对他提出的警告，那就是：无论命运女神向人展示多么美丽的容颜，未到生命最后一天，都不能自称幸福；因为世事变化无常，有一点儿风吹草动，便会从一种状态转至另一种状态，命运截然不同。

…………

在我们父辈那个年代，米兰的第十任公爵吕多维克·斯福扎曾长期威震整个意大利，却因被俘客死法国的罗什，死前在狱中度过了十年，那是他最悲惨的日子。那最美丽的王后，基督教国家最伟大的君主的遗孀①，不是刚死于刽子手的屠刀下吗？这样的例子成千上万。因为，就好比风雨雷电专冲击傲岸、孤高的建筑物，天上似乎也有神灵嫉妒下界的佼佼者。

---

① 指苏格兰女王玛丽·斯图亚特（1542—1587），与法国国王弗朗索瓦二世成亲，国王死后返回苏格兰亲政，后被废黜、处死。

一股隐秘力量颠覆人类的权威，

视执政者的权杖和斧子为玩具，

仿佛乐于将它们践踏、摧毁。

——卢克莱修

有时，命运女神似乎看准我们生命的末日，才来显示她瞬间毁掉多年营造的一切的威力；她令我们也随拉比利乌斯[①]呼喊："我的确不该多活这一天！"

因此，梭伦这一忠告不无道理。不过，他是位哲学家；对于哲人来说，命运之神的眷顾与冷落和幸福与不幸无关，而声誉与权势不过是短暂的巧合，无足轻重。我认为，他很可能看得更远，他要说的是：人生的这种幸福取决

---

① 拉比利乌斯（前106—前44），古罗马滑稽剧作家。

于生来高尚的心灵的宁静和愉悦，取决于井然有序的内心的坚定和自信；尚未看到一个人演完人生戏剧最后一幕（也许是最难的一幕）之前，绝不要断定他是否幸福。

其余的时光，有可能是假象：那些漂亮的哲学推论不过表现我们的姿态；或是那些不幸事故，并未触动到我们的深处，让我们还能保持镇定的面容。但当我们到了面临死亡的最后场景，就没有什么可伪装的了。必须实话实说，把坛底里所盛的彻底地抖搂出来。

惟有此时真话才从心底涌出；
面具卸下了，露出了真容。

——卢克莱修

我们一生中的其他行为都要用最后时刻这块试金石来考察、检验，其原因就在于此。这是最关键的日子，这一天判定所有其他日子。一位古人说："这个日子应该用来判断我全部逝去的年华。"我把自己的研究心得交给死神去检验。那时我们会看到，我的言辞是出自嘴皮子还是发自内心。

我见到好些人一生的毁誉由其死亡来决定。庞培的岳丈西庇阿，生时一直受到恶评，他以出色的谢世挽回了自己的声誉。有人问伊巴密浓达：卡布里亚斯、伊菲克拉特还有他本人，三个人中，哪一位他评价最高。他答道："那得等到我们死后才能下定论。"的确，如果忽略这个人辞世的荣耀与崇高而去判断他，就会使其逊色不少。上帝的意愿就是这样。而与我同时代的有三个最可恶的人，他们的人生龌龊，糟糕透顶，却死得规规矩矩，安排妥帖，近乎完美。

有些死亡美满而且幸运。我认识某人，正

当年富力强、青云直上之际，命运之线却戛然而断；死得那么轰动，在我看来，他的宏图大略倒因其夭折而显得更有高度。他并未迈步就达到他所设想的目标，比他向往和憧憬的更伟大、更荣耀。他的陨落让他提前获得他一直追求的威望和声誉。

在判断他人的一生时，我总是要看结局如何。而对自己此生，我最关心的是：活到善终，也就是说，死得安详、宁静。

（选译自卷一第十九章）

探究哲理就是学习死亡

西塞罗说，探究哲理，不为别的，而只是为死亡做准备。

…………

我们旅程的终点，就是死亡，这是我们无可回避的目标。如果我们害怕死亡，每往前走一步又怎能不感到焦灼不安？庸人的对策是不去想它。可如此拙劣的无知，又出自什么样不开窍的头脑呢？他该是把笼头套在驴尾巴上倒着走吧？

他一心想倒着前行。

——卢克莱修

庸人常常误入陷阱，不足为奇。只要一提到死，人们便惊惶不安，大多数人如同听到魔鬼的名字一样，竟划起十字来。由于遗嘱要提及死亡，因此医生尚未下最后判决之前，你别指望他们会着手此事；而当他们陷于痛苦和极度惊恐的时候，天知道他们凭怎样恰当的判断，给你弄出个遗嘱来。

因为"死"这个词儿太刺耳，"死"这个声音显得太不吉利，罗马人便学会了以委婉或转弯抹角的方式来表达。他们不说"他死了"，而说"他的生命终止了""他曾经活过"。只要是"生"，哪怕是过去了的，也能借此聊以自慰。我们的"某某先人"的说法，就是从这里学过来的。

也许正如俗话所说的，延迟大限值千金。按现行历法计算，一年从一月份开始[1]，那我就是1533年2月最后一天11时至12时之间出生的。我39岁刚过15天，起码我还得再活这么长时间，现在就为如此遥远的事情操心，岂不荒唐！可这怎么会是荒唐的呢？年轻的和年老的都一样要离开人间。没有人离世时不像他刚刚降生时那样。再说，不管如何老弱，面对玛土撒拉[2]，没有谁不以为自己还能多活20年的。而且，你这可怜的傻瓜，谁告诉你过了生命的期限了？你根据的是医生的说法？不如看看事实和经历吧！按照事物的常规，你活到现在，早已是特受恩宠的了。你已经超过常人的寿数。如果你对此有所怀疑，就请数一数你所认识的

---

[1] 从前以复活节为一年的第一天。

[2] 玛土撒拉，《圣经》人物，亚当的后代，生育子女众多，据说活到969岁。

人当中，有多少尚未到你的年龄就死去，比活到你这个岁数的人多多少。连那些一生声名卓著的人，你也来列个名单看看，我敢打赌，35岁前死去的要比35岁后去世的多。我们都应当恭恭敬敬地效法耶稣基督的仁爱之心，可耶稣基督辞世时不过35岁。亚历山大是凡人中最伟大的人物，他去世时也是这个岁数。

死亡突袭我们的方式何止一端？

死亡危险时刻存在，

无人能够充分预防。

——贺拉斯

…………

你会说，只要我们不难受，死亡怎么来那又有什么要紧呢？我同意这种看法。不管用什么方法，只要能够避过重大打击，哪怕是要躲进牛犊皮里，我也不会退缩。我能够舒舒坦坦过日子就

131

行了。可能采用的最佳的度日方式我都采用，也许在你看来，这很不光彩，更不足效法。

> 我宁愿被人看作是疯子或白痴，
>
> 只要我的缺陷令我舒心、惬意，
>
> 我就不愿成为智者而苦痛难持。
>
> ——贺拉斯

不过，以为可借此方法来达到目的，那是荒唐的。

人们来来往往，忙忙碌碌，跳跳唱唱，死亡的迹象全无，一切都十分美好。可是，死亡突然降临，或落到他们自己头上，或落到他们妻子、儿女、亲友的头上，出其不意，攻其不备，这时他们又是怎样地悲恸、哀号、狂怒、痛不欲生啊！你可见过如此沮丧、如此失态，如此失魂落魄的样子？应该为此尽早做好准备。那种牲畜般的浑噩态度，纵然在一个有理性的人的脑子里扎下根来（我认为完全不可能），要我们付出的代价也未免太大了。如果死亡是个可以规避的敌人，那我就会劝人使用怯懦这个武器。无奈死亡是无可回避的，不论你是逃兵、懦夫抑或是勇士，它一样逮住你。

> 死亡紧追奔逃的懦夫，
> 也不宽免畏怯的青年，
> 不放过其后背和腿弯。
>
> ——贺拉斯

任何坚硬的盔甲都不能保护你。

> 他小心地藏在甲胄之内也全无用处，
> 死神会令他伸出那严加保护的头颅。
>
> ——普洛佩提乌斯

我们就学习以坚定的态度迎候死神并且与之作斗争吧！为了一开始就使之失去凌驾于我们的优势，让我们采取与常人迥然不同的方式。摘除它的怪异面具，常常跟它打交道，让自己习惯与它为伴。经常想象死亡的各种情形：坐骑失蹄摔下，屋瓦掉下砸着，别针扎了受伤。于是我们转而思量："那么，死亡会在什么时候来到？"就这样，我们坚强起来，自己给自己鼓劲。在节庆欢乐中，让我们记住自身的状况，不要过分纵乐而忘乎所以。要回想一下，我们兴高采烈的时候有时竟以不同方式成为死神的目标，而死神则以多种办法来压抑我们的欢乐。埃及人就是这样做的：他们在筵席进行中，在美味佳肴中间，抬出一副死人的骨骼，以此来警醒宾客。

设想每一天都是你临终的一天，

你就会感谢那意外获得的时间。

——贺拉斯

死神在什么地方等候我们，没有定准，那么我们就随处迎候它吧！对死亡的及早思考也就是对自由的预先思考。谁学懂了死亡谁就不再受奴役。认识死亡就令我们摆脱一切束缚和限制。丧生并不是坏事，谁领悟了这点，谁在生活中就没有任何痛苦可言。

············

佝偻的身躯无力背起重担，心灵也是这样。必须让心灵舒畅、昂扬，才能对抗这个死敌的压力。因为内心害怕，就无法得到安宁。如果坚定应对，就能自豪地说（这是常人所不能及的事）：忧虑、苦恼、恐惧乃至轻微的闷气都不可能搁在心里。

坚定的心灵无法撼动；

无论暴君的怒目相向，

亚得里亚的海神施威，

或是天神的霹雳巨掌。

——贺拉斯

（选译自卷一第二十章）

谈想象的力量

"强烈的想象成真。"学者们这样说。

我极易感受想象的巨大威力。每个人都受其冲击，但有些人却被其击倒。想象给我的印象是它能穿透内心。我的对策是避其锋芒，而不是与之对抗。我只会和健康、快乐的人生活在一起。看到别人焦虑，我会实实在在感到焦虑。我对第三者的景况往往感同身受。

有人咳嗽不止，就令我肺部不适，喉咙发痒。探视按职责应予关心的病人，比起探望那些关注不多、不大敬重的病人，我更不乐意。我专注于哪种病，自己也就染上，而且长患在身。那些对疾病听之任之并助长病情的人，想象力导致他们发烧乃至死亡，我对此并不觉得奇怪。

....

有些人没等刽子手动手就先吓死了。有这么一个人，人家给他解开蒙眼布，要给他宣读赦令，他却因受想象的冲击，已僵死在断头台上。

在想象力的激发下，我们出汗、颤抖，脸色刷白、潮红；我们倒卧在羽毛床上，感觉到身体在颤动，有时竟激动得连气也喘不过来。旺盛的青春令人欲火中烧，就是在沉睡时，年轻人也会在梦中满足性爱的愿望。

仿佛完成了交欢，

涌出浓浓的白露，

弄脏自己的衣衫。

——卢克莱修

....

　　奇迹、幻象、魔法以及种种异常的事物之所以令人相信，很可能由于强烈的想象而致，主要是对普通人较为软弱的心灵起作用。人们令他们信以为真，致使他们没看见东西也以为看见。

　　我也认为，那种成为众人谈资、令人尴尬、可笑的新婚之夜的性无能，不过是由于担忧和恐惧而引起。因为，我从经历中知道，有这么一个人（我担保他可以像担保自己一样），丝毫没有患阳痿或中魔法的嫌疑，由于听同伴说起，在最不应当的时候，竟然遭遇意外的萎缩，待他面临同样的境地时，那可怕的故事情景突然浮现，猛烈地冲击他的想象，以致他也面临同样的遭遇。自此，他的这桩倒霉事故的难堪回忆，缠绕着他，折磨着他，他反复重陷无能之境。

　　他找到了治疗的方法：用放开的想法取代纠缠的念头，也就是本人主动承认并事先宣布有此缺陷，他的精神负担获得纾解。由于出现这种毛病是意料中的事，他的紧张获得舒缓，压力得以减轻。思想解放，精神放松，身体恢复如常；这时他按自己的意愿首先进行尝试，接着突然让对方知道，他行了：在这方面，他已完全康复。

跟她有一次能行，便再也不会无能，除非是真的有病。

…………

有一名女子，以为吃面包时，连带吞下了一枚别针，大喊大嚷，焦躁不安，感到喉咙卡住，痛苦难忍。但由于从表面看来，既不肿胀，亦无异样，一位机灵的男士便断定，这是想象起的作用，是面包通过喉咙时触碰了一下。于是，他催迫她呕吐，并偷偷地把一枚弄弯的别针放进她的呕吐物中。那妇人以为别针吐出来了，顿时觉得痛楚全消。

（选译自卷一第二十一章）

谈适度

  我们触摸东西的手似乎中了邪，本来美好的事物一经我们摆弄就变质。如果以过分苛求的强烈欲望来维护道德，我们所坚持的德行就可能变成恶行。有人说，德行是绝不会过分的，因为如果过分，就不成其为德行了。他们乐于玩味以下话语：

  德行操守如果超越限度，失去分寸，
  智者该唤做疯子，君子则成为小人。

——贺拉斯

这是微妙的哲理思考。爱护道德有可能过头，做正义之事也可能失度。这里正用得上圣徒的名言：

"不可过分聪明，

而只可聪明适度。"

我见过一位大人物，他为了显示自己比同辈更虔诚，却损害了本人所信奉的宗教的名声。

我喜爱平和执中的性情。不知节制地求善，即便不致令我反感，也让我十分惶惑，我对此真是无以名状。在我看来，波萨尼亚斯①的母亲也罢，独裁官波斯图缪斯②也罢，他们与其说是维护正义，倒不如说是莫名其妙。那做母亲的第一个发号施令，带头扔石，要置儿子于死地；而独裁官处死自己的亲生儿子，就因为

---

① 波萨尼亚斯（？—约前470），斯巴达将领，治军极其严厉，曾多次立战功，后手下人反叛，被囚至死。

② 波斯图缪斯，古罗马独裁官。

儿子少年气盛，稍稍先于自己的部队成功地扑向了敌人。这种如此野蛮而代价又如此高昂的道德，我是既不乐意提倡，也不愿意仿效的。

超越目标的射手与达不到射程的射手一样，都不算命中。骤然迎上强光与一下子步入暗处，都同样令我的视线模糊。在柏拉图的《对话集》里，加里克莱说过：过分的哲理推究会带来害处。他劝人不可深陷于此，而致超越功用的界限。适度的探求显得有趣而又有益，但过了头最后就会把人弄得蛮横、乖戾，藐视宗教，蔑视常规，不爱社会交往，厌恶人间欢娱，无法管理任何公务，不能助人，也不能自助，只配接受几记狠狠的耳光。他说的是实话，因为过度的探求限制了我们的自由天性，以令人生厌的玄奥引导我们偏离造化所划定的美好坦途。

（选译自卷一第三十章）

谈对人的评价

谈起对人的评价，十分奇怪的是，没有任何事物不以其本身的品质来衡量，唯独人是例外。

我们夸奖快马，是因为它连连获胜，
它的胜利赢得赛场上阵阵的喝彩声。

——尤维纳利斯

我们赞扬一匹马，是因为它矫健有力，而不是因为它的鞍鞯；赞赏一头猎犬，是因为它的敏捷，而不是因为它的项圈；欣赏一只鸟儿，是看它的翅膀，而不是看它的牵绳和铃铛。对于人，为什么不同样以其自身的价值去衡量他呢？他有大量的随从、豪华的宫殿、极大的权势、丰厚的年金，这些统统都是他的身外之物，而不是他固有的本质。你不会去买一只装在袋子里见不着的猫。如果你要买马，你会把鞍具卸去，让它无遮无盖地供你细看。或者，若是像古代给王侯挑马那样将马遮盖，盖住的也只是非常次要的部位，为的是不让你多费时间去看美丽的毛色和宽大的臀部，只让你留神察看腿部、眼睛、四蹄这些最起作用的器官。

> 君王相马，通常把它盖住，
> 以免受它美丽的毛色迷惑，
> 只看它宽臀、细头、高胸，
> 而不知它的四蹄往往柔弱。
>
> ——贺拉斯

估量人的时候，为什么让他把自己裹得严严实实呢？他着意展示的是他非本质的部分，而把可资正确评价的方面掩盖起来。你追求的是宝剑的价值，而不是剑鞘：一旦把剑从鞘中拔出，你可能觉得它一文不值。看人要看人的自身，而不是他的装扮。有位古人[①]的话说得蛮风趣：

"你知道为什么你觉得他长得高大？因为你连他木屐的高度也算上了。"

雕像的基座不属于雕像本身，量度人可别算他的高跷。把人的财富、荣衔都去掉吧！让他只穿着衬衣出现。他的体格能胜任他的职务吗？他是不是健康而且劲头十足？他的心灵如何？美好吗，高尚吗，是不是各种品质都齐备？他是靠自己的财产抑或靠他人的财产而致

---

① 指的是塞内加。

富？运气对此有没有什么关系？他是不是镇定地直面出鞘的利剑？他是否不在乎如何离开人间，不管是老死还是暴毙？他宁静、平和、知足常乐吗？这些都是必须要察看的，借此便可判断出人与人之间的极大差别。

（选译自卷一第四十二章）

谈气味

　　据说有些人，例如亚历山大大帝，由于罕有的特殊体质，汗水散发出一股香气；普卢塔克[①]和另外一些人曾经探求其中的原因。不过，人体的通常情形则相反，最好的状况是没有气味。洁净气息之好闻，无非是不带任何刺激我们的异味，就如健康儿童的气息。故而普劳图斯这样说：

　　女人最好闻的气味就是无气味。

――――――――――

[①] 普卢塔克（约46―约120或127），罗马帝国时期古希腊传记作家、散文家，柏拉图派哲学家。

　　女人最好闻的气味就是无气味①，即如常言所说，女人最赏心悦目的举止是难以觉察、不事声张的举止。至于外加的异常香味，人们有理由怀疑，使用者是要掩饰身上某种原有的怪味。由此，古代诗人就写过这样的俏皮话：散发香气就是发出臭味。

　　科拉西努斯，你取笑吧，我们身上没有气味；
　　我宁愿自身毫无气味，也不愿散发出香气。

　　　　　　　　　　——马尔提阿利斯

　　另外还有：

　　波斯图穆斯，总是散发香气的人其实气味难闻。

　　　　　　　　　　——马尔提阿利斯

_____

① 蒙田把所引的拉丁文原句译成法文，置于其行文中。

不过我很喜欢闻到香气，而非常厌恶臭味；对臭味我远远就闻到，比任何人都灵敏。

　　我的嗅觉辨出息肉的气味
　　或毛茸茸腋下浓重的狐臭，
　　远胜嗅出隐藏野猪的猎狗。

　　　　　　　　　　——贺拉斯

我觉得气味愈纯净、愈自然就愈好闻。至于香气，那主要是女子操心的事。在远古的蛮荒时代，锡西厄的妇女洗澡之后，便用当地产的香草药料在全身和脸上扑撒和涂抹；待要接触男人才卸下妆来，脸和身子便都光滑、芳香。

　　　　　　　（选译自卷一第五十五章）

轻生可笑

　　轻生的观念是可笑的。因为说到底，我们的存在就是我们的一切。那些活得比我们高贵、比我们丰富的造物，倒可以指责我们的存在；而我们自己鄙薄自己，自己轻视自己，则是违反天性的。这是一种特殊的病症，为人类所独有，在任何其他生物中都看不到这种自我憎恨、自我鄙视的情况。

　　我们现成是这个样子，却希望成为别的什么，这也是幼稚的妄想。这种愿望对我们没有任何好处，因为它自相矛盾，不可能实现。谁想从人变为天使，都不会给自己带来什么，也绝不会提高自身的价值。因为他本人既已不存在，谁又会为这种转变感到欢欣，替他感受这种转变呢？

　　谁要体验未来的痛苦和磨难，

　　苦难来临时他必须活在人间。

　　　　　　　　——卢克莱修

　　我们以死为代价换回来的这一生的安全、无苦、无痛、无灾，都不给我们带来任何好处。不能享受太平的人，避过了战事也是枉然。无法领略安闲的人，远避劳苦也是徒费力气。

　　持自尽见解的人，对于下面这一点倒犹疑不定：什么场合适合一个人自杀？他们称这个为"合理出路"，说，既然令我们生存在世上的理由并不十分充分，死也必然常常基于一些微不足道的理由；虽然如此，但在这方面，总

得要有某种尺度。

有一些怪诞的非理性的情绪不但促使个人，而且推动整群人寻死。我前面举过几个例子，这里我们还提一下米利都①的少女。她们经过一番荒唐的密谋之后，竟一批接一批地上吊自尽，直到法官到场制止。法官下令说，那些还要这样上吊的女人，用一根绳子把她们串连起来，剥光衣服拖到市内游街。

（选译自卷二第三章）

---

① 米利都，古希腊城市名。

谈良心

柏拉图说，惩罚紧随罪恶之后；赫西奥德①纠正这种说法，他认为，惩罚与罪恶同时发生。等候惩罚的人正接受着惩罚，恶行给怀恶意的人带来痛苦。

恶毒的企图对图谋者尤为有害。

——古谚语

犹如蜇伤人的胡蜂，它自己受的伤害更甚，因为它由此永远失去自己的尖刺和力量。

①　赫西奥德(约前8世纪)，古希腊诗人，著有《工作与时日》等。

它把生命留在自己造成的伤疤里。

——维吉尔

由于自然界的矛盾对立规律，斑蝥身上藏有某种针对自身毒液的解毒素。同理，人也一样，作恶尝到快感的同时，亦在良心上萌生与此对立的忧虑感，引发诸多苦恼的思绪，无论醒时或睡着，都折磨着我们。

确有不少这样的罪人，
在梦话或谵妄中招认，
道出长期隐瞒的真情。

——卢克莱修

……伊壁鸠鲁说："坏人如何躲藏都不起作用，因为他们藏到哪里都不得安宁，良心会叫他们自己露馅儿。"

　　　罪人不获良心法庭的宽赦，

　　　这是他遭受的首要惩罚。

　　　　　　　　　　——尤维纳利斯

　　　　　　　（选译自卷二第五章）

谈残酷

我生活在这么个时代，内战肆虐，残暴的事例层出不穷，就从古代的史书中也看不到我们现在天天亲遇的罪恶行径，但这丝毫也不致令我习以为常。要不是亲眼看见，我很难相信，竟有这样的恶魔，只为取乐而蓄意杀人：用斧子砍去别人的四肢，挖空心思去创设未用过的酷刑、新的处死法；既非出于仇怨，也非从中渔利，而仅仅以作乐为目的。面对垂死痛苦者的可怜动作、悲惨的呻吟和言语，以观赏这样的情景为乐事，这真是残酷到了极点。

一个人杀害另一个人，不是出于愤怒，也
不是由于害怕，而只是为了赏玩这种情景。

——塞内加

至于我，我不可能看见别人追杀无辜的野
兽而不感到难过，那野兽并无防卫能力，也没
有冒犯我们。常常遇到这样的情况：鹿儿气喘
吁吁，筋疲力尽，没有别的脱身办法，便跪倒
在追逐它的那些人面前，流泪哀求赦免。

它浑身是血，发出哀叫，
仿佛是在向人求饶。

——维吉尔

对我来说，这总是令人极度不快的情景。

我抓到动物，多半放回郊野。毕达哥拉斯
向渔家和捕鸟人买下猎物也是这样放生的。

我相信，刀剑第一次沾染的是动物的血。

——奥维德

杀害动物的嗜血本性，显示出人性的残酷。

（选译自卷二第十一章）

人——可怜的"怪物"

战争是人类最盛大、最有声势的活动。我真想知道，我们是否可以据此说明人类的了不起，抑或相反，从中看出人类的软弱和缺陷。说实在的，我们相互厮打、彼此残杀的技能，看来远胜于没有掌握这种本领的禽兽。

几时曾见百兽之王，

残害过柔弱的幼狮？

何处森林里的野猪，

死于凶猛同类的獠齿？

——尤维纳利斯

　　不过，动物也并非完全没有这种本事。蜜蜂的疯狂搏斗，敌对蜂群的蜂王之间的彼此攻击都表明了这点。

　　蜂王两相争，

　　掀起大骚动，

　　联想战乱事，

　　百姓遇兵戎。

　　　　　　　　　　——维吉尔

蒙田塔楼屋梁上的格言

　　我只要读到这一神奇的描述，就仿佛看到了关于人类的愚蠢和虚荣的写照。这种引起我们极端厌恶和恐惧的敌对行动、这种震天的喊杀声真个是：

　　剑影凌霄汉，

　　刀光遍地闪，

　　兵骑震山岳，

　　杀声动九天！

　　　　　　　　　　　——卢克莱修

　　可怕的千军万马，汇聚起来的狂怒、激情、骠勇，就凭某种虚妄的理由便激发起来，只因某种微不足道的原因便又平息下去，眼看这种现象，不由得感到可笑。

只因帕里斯的奸情，整个亚细亚竟在战火中沉沦、毁灭。一个人的欲念、一点怨恨、一阵快意、一种纯粹出于私心的嫉妒——连两个爱吵闹的妇人都不值得为之相争的理由，竟成为这一场大动乱的出发点。

…………

然而这支庞大的队伍，尽管有万种形态、千般活动，似要揭地掀天，这个疯狂的千手百面怪物，它仍然是人啊，是软弱、可怜、微不足道的人构成的啊！它不过是一窝被搅动、受刺激的蚂蚁。

黑压压的大军在平原上移动。

——维吉尔

一阵逆风，一只飞鸦的叫声，一匹马的失蹄，一只老鹰的偶然飞越，一个梦、一句话、一个信号、一片晨雾都足以将队伍摧垮，使之倒下。试让强烈的阳光直射众人的脸部吧！他们会眩晕，昏厥。只要朝他们的眼睛刮一阵风沙，就像我们诗人①笔下的群蜂那样，军旗就会倒下，队伍就会溃散，即便是伟大的庞培来率领也无济于事……

（选译自卷二第十二章）

---

① 指维吉尔。

何谓美

至于身材之美，在详谈前，我必须了解我们对美的定义是否有一致的意见。我们很可能不大知道自在的美、一般的美是什么，因为我们赋予人体美（即我们自己的美）以千百种不同的形态。如果具有某种特定的自然属性，我们对此就会有一致的认识，比如我们都认识火的炽热。现在我们却任凭自己的意愿去设想人体美的形态。

比利时人的肤色移于罗马人的脸上就变成丑。

——普罗佩提乌斯

　　印度人所描绘的美是：黝黑的肤色，外突的厚嘴唇，扁而宽的鼻子。他们在鼻孔间的软骨处插上粗大的金环，一直挂到嘴边；下嘴唇也挂了宝石圆环，垂到下巴处。牙齿外露，直到牙根，这也是他们认为的一种美态。在秘鲁，耳朵愈大被认为愈美，他们人为地尽量把耳朵往下拉。今天有人说，他见过一个东方民族，热衷于拉长耳朵，给耳朵戴上沉重的珠宝，把耳孔弄得非常非常大，连手臂带衣袖也能从耳孔穿过去。有的民族着意把牙齿涂黑，对白牙齿不屑一顾，有的地方却把牙齿染成红色。女子以剃平头为美的，不但在巴斯克如此，据普林尼说，在其他许多地方，甚至在某些冰天雪地的地方也是这样。墨西哥妇人以前额狭小为美，她们把身体其余部位的毛都拔去，却在额前留发，并着意加以修整。她们还特别看重大乳房，追求把奶子提到肩上给孩子

古尔奈小姐，蒙田的"粉丝"，曾协助蒙田出版其《随笔集》

喂奶。这些，我们都觉得很丑。

意大利人以肥胖、大块头为美；西班牙人认为美的是干瘪、瘦削者。而我们自己，有人认为白净肤色美，有人认为褐色皮肤美；有人觉得温顺、纤弱美，有人觉得健康、强壮美；

有人要求妩媚、温柔，有人要求威严、庄重。至于以什么形状为美，柏拉图偏爱的是球体，而伊壁鸠鲁学派则崇尚锥形或正方形，他们无法容忍神的形象呈球形之状。

不管怎样，在美的方面，大自然并未赋予我们更多的特权，它的一般规律怎样就怎样。如果说我们自认为不错，我们也发现，虽然某些动物不如我们，但也有另一些动物（其数量众多）超过我们。

在美的方面，我们比许多动物逊色。

——塞内加

甚至不如一些陆地动物，我们的同类。

至于海洋动物（且不谈体型，那完全是两码事，无法类比），从颜色、光泽、亮滑和匀称程度来说，我们都远远不如它们。我们在各方面也不如空中动物。关于人类直立，能仰视天空作为人之本源的特性。

> 其他动物都脸朝下看地上，
>
> 上帝却赐给人高仰的脸庞，
>
> 令他凝视上苍，远观星象。
>
> ——奥维德

这不过是带有诗意的说法。因为有多种动物，其目光也是朝向天空的。骆驼和鸵鸟的脖子，我看比我们伸得更长、更直。

哪种动物的脸不朝上、朝前，不像我们那样向前面看，在正常的姿势下，不跟人一样见到同等范围的天空和陆地？

柏拉图和西塞罗说到的我们体格上的优点，有哪些点不能同时应用在千千万万的动物身上？

而最像我们的动物，正是同族中最丑陋、最

猥琐的。从外表和脸型来看，那是猕猴和狒狒：

> 猴子，这奇丑的动物，多像我们啊！
>
> ——西塞罗

从内脏和生殖部位而言，那是猪。说实在的，当我想到一丝不挂的男人时（就是姿色美丽的女性也如此），看到他的瑕疵、他的天性迟钝以及缺陷，我就觉得，我们比任何动物都更有理由用衣服遮盖自己。我们把大自然赐给动物的东西，毛皮、羊毛、兽毛、丝都借过来使用，靠它们的美来装饰自己，遮掩自己，这是情有可原的。

还得注意：我们是唯一因自身的缺陷而令同伴不快的动物；我们是唯一在进行天性活动时要回避同类的动物。

（选译自卷二第十二章）

我们的欲望因遇障碍而增强

最有智慧的哲人说：任何论点都有其反面论调。不久前，我琢磨过一位古人引用的表示对死亡蔑视的妙语：

"没有任何事物能令我们快乐，我们预备其失去的东西除外。"

他又说："失去一件物品，与担心它可能失去，二者同样令人难受。"①

他想借此说明：如果我们担心失去生命，生命的享有就不可能真正给我们带来快乐。

———————

① 均为塞内加语，前者原文已译为法文。

　　然而，反过来也可以这样说：我们越是看见一件东西不稳靠，越是担心它被夺走，我们就越发紧紧抱住它不放，对它就愈加珍惜。因为，我们明显感觉到，就像火遇冷烧得更旺一样，我们的意欲也因遇到障碍而被更加激发出来。

　　如果达娜厄[1]不曾被幽禁在铜塔里，

　　朱庇特就不会潜入令她怀孕生子。

　　　　　　　　　　　　——奥维德

　　没有什么比因易得而致烦腻更令我们倒胃口，没有什么比罕见而难得更激发我们的兴致。

---

[1] 达娜厄，阿耳戈斯王之女，因神曾预言她的儿子将要杀死外祖父，国王为防患于未然，便把她幽禁在铜塔里，主神朱庇特化作黄金雨跟她幽会，她因而怀孕生子。儿子后来在掷铁饼时果然无意中把外祖父打死。

任何事情，其乐趣都因为存在风险而增加，而风险本该是要远避的。

——塞内加

噶拉，请拒绝我吧，如果欢乐没有夹杂痛苦的折磨，爱情很快就会令人餍足。

——马尔提阿利斯

为了使爱情持久，莱克格斯①只许斯巴达的夫妇偷偷交欢；他们如被发现同睡在一起，就像跟别人同床一样可耻。幽会的困难，给人撞见的危险，翌日的羞惭，这都会令人兴味大增。

柔情恹恹，默默无言，

还有出自内心的感叹。

——贺拉斯

① 莱克格斯，传说是斯巴达的法典制订者。

多少有趣的色情嬉戏来自关于性事的诚实而婉转的谈论。肉欲本身也寻求借助痛苦来激发。它令人灼痛、损伤别人的时候，就愈加甜蜜。名妓弗萝拉说，她每次跟庞培睡觉，都非要在他身上留下咬痕不可。

他们紧紧压住自己所追求的躯体，
令她受痛，牙齿还常常狠咬芳唇，
莫名的刺激促其伤害可爱的尤物，
无论怎样，她引发其狂暴的激情。

——卢克莱修

到处都是这样：难办给事情带来价值。

（选译自卷二第十五章）

我们领略不到任何纯粹的东西

我们的快乐和幸福，无不掺进痛苦和烦恼。

从欢乐的源泉冒出的无名伤感，

令你在快乐时刻觉得焦灼不安。

——卢克莱修

极度快感多少近似叹息和呻吟。你不是会说，快活得要死吗？甚至当我们描绘其逼真形象的时候，也给它加上一些与病态和痛苦有关的修饰词语：慵困、疲惫、虚弱、力不能支、死去活来。这都说明它们的密切关系，实质上的一致。

深沉的愉快，庄重多于兴高采烈；极度的、充分的满足，平静多于欢欣雀跃。

乐极而致生悲。

——塞内加

快乐也会伤害我们。

有句希腊古诗要表达的正是这个意思：

"诸神给我们的一切幸福都不是无偿赏赐。"

也就是说，诸神并不赐予我们任何纯粹的、完美的幸福，我们要为此而付出某种痛苦的代价。

痛苦和快乐本质上迥然不同，我不知道在哪个关节上竟自然联结起来。

苏格拉底说：有位神灵曾试图把痛苦和快乐混合起来，捏成一块；他没有达到目的，但起码做到令其末端连接在一起。

梅特罗道吕斯①说：忧愁中夹杂着某种快乐。我不知道他这话是不是有别的意思，但我想象得出，乐于在忧郁中沉浸，总是带有一定的意图、赞许和得意的，且不说可能还掺杂着争取同情的欲望了。即便在忧愁的怀抱里，也有多少吸引我们、令我们快慰的甜蜜而微妙的滋味。一些有着某种性情的人，不就是以忧愁为精神养料的吗？

哭泣时带有某种快意。

——奥维德

（选译自卷二第二十章）

————————

① 梅特罗道吕斯（前330？—前277），古希腊伊壁鸠鲁派哲学家。

谈情欲

生殖行为再自然不过，十分必要，也极为合理，可它究竟对人类干下了什么，竟致我们不敢毫无愧色地谈它，还把它排除出严肃、正经的话题之外？我们可以放肆地大谈"杀人""偷盗""背叛"，而对于生殖行为，却只敢在牙缝里闪烁其词？是不是说，我们越少谈它，就越有权利令其在脑海里膨胀起来呢？

有趣的是，那些用得最少、写得最少、说得最少的词儿正是最广为人知、大家了解得最彻底的词儿。无论什么年龄、哪种性格的人，没有谁不知道这一行为，正如没有人不知道面包一样。这些词印在每个人的脑海里，没有表达出来，无声，无形。同样有趣的是，我们对生殖行为讳莫如深，因而从沉默的笼罩中将其直说出来，哪怕是为了谴责和审判，也都成了罪过。我们只敢拐弯抹角以比喻的方式对其进行鞭挞。一个罪犯如此可恶，连司法人员也认为不该碰他，不应见他，这对他倒是极大的优惠：严厉惩治的好处令他得到自由，获救了。书籍不是也有类似的情况？因为被禁，倒更加畅销，在读者中传播得更广。至于我，我要一字不差地领会亚里士多德的话：矜持腼腆是青年人的装饰，放在老年人身上却应予责备。

下面的诗句在古代的学派中传诵开来，我对此学派的信奉远胜于对现代学派（在我看来，前者的美德多而缺点少）。

极力逃避维纳斯爱神的人

与过分追随她的人都错了。

——普卢塔克

维纳斯女神哪，是你一人掌管大自然，

没有你，光辉的神圣天地便荒芜一片，

没有你，便没有任何欢愉和情爱可言。

——卢克莱修

我不知道是谁挑起了帕拉斯①、众缪斯与维纳斯之间的纷争，使她们对爱神冷落起来。而我却见不到，有什么其他神灵比她们更应该合得来，彼此更应该依存对方。谁逐走缪斯的情思也就抽掉其最美妙的话题，其作品失去最高贵的材料。爱神若不与诗歌保持亲密关系并为其效力，就会失掉最佳的武器而软弱无力。这

_____

① 帕拉斯，即雅典娜，智慧女神。

样一来，人们就会把忘恩负义的罪孽归于司爱情、友谊兼行善的神灵身上，归于保护人类、保护正义的女神身上。

我不做爱神的供奉者和追随者为时并不太长，因而并未忘记这位神灵的威力和作用。

我认出昔日情爱之火的余烬。

——维吉尔

在我身上还留有狂热过后的一些激动和余温。

但愿我在暮年的时光依旧保持这股热情。

——让·塞孔①

无论我如何枯槁、迟钝，我依然感受到往

---

① 让·塞孔（1511—1536），用拉丁语写作的弗拉芒诗人，生于海牙。

昔激情的一些余热。

> 如同刮朔风或南风的爱琴海，
> 当翻江倒海的风暴歇息下来，
> 可大海却无法马上完全平静，
> 它依旧恶浪咆哮，怒潮澎湃。
>
> ——塔索

不过，就我所知，诗歌所描绘的爱神的威力和作用要比其实际情形更强烈，更有活力。

> 诗有撩拨的手指。
>
> ——尤维纳利斯

诗歌所表现的爱比爱情本身还更有情爱的味儿。赤身裸体的维纳斯还不如这儿维吉尔诗句中的维纳斯那么美丽、激情、娇喘不息：

女神已经发话，他仍在犹疑，

她伸出雪白的双臂把他搂住，

温柔的拥抱顿令他重获暖气，

一股熟悉的热流深透至骨髓；

疲软的身躯又再度振奋起来，

就这样，雷鸣电闪划破长空，

乌云开处，蹿出一条火龙……

说完，他给她期盼的拥吻，

然后，枕在情侣的酥胸上，

懒洋洋地进入宁静的睡乡。

——维吉尔

（选译自卷三第五章）

谈婚姻

人人皆知，在婚姻方面尽责的人，找不到太多；因为这是荆棘满布的场地，妇女的意欲难于长时间地维持。男人的处境虽然有利一些，但困难也不少。

美满婚姻的试金石及其真正的考验，是看两人结合维持的时间，看看这结合是否甜蜜、忠诚、称心。我们这个年代，丈夫去世后，妻子往往都表示对其恪守妇道，而且表达出强烈的情爱。这可真是迟来的、不合时宜的表白！恰恰证明，她们爱的只是亡故的丈夫。

人生中充满摇摆不定的东西；死亡饱含

着爱，也讲究礼节规矩。犹如父亲深藏着对子女的慈爱，妻子也故意不对丈夫表露自己的深情，以保持符合礼仪的敬重举止。这种深藏不露并不合乎我的口味。她们徒然地扯发，抓伤自己，而我却会走到女仆或秘书跟前，凑到耳边悄声问道："他们两人过去怎么样？共同生活得怎么样？"我总是记住这句有意思的话：

悲痛最轻的女人哭得最厉害。

——塔西佗

她们痛苦的容颜令活人厌恶，对死者毫无用处。我们倒认为，只要生时令我们快活，死后就是笑也无妨。

如果我生时当面朝我吐唾沫，我离开人世时却来替我擦双脚，难道这令人生气的举动就能使人复活？如果说哀悼丈夫包含某种荣誉

蒙田卧室

的成分，那么这荣誉只属于给丈夫带来过欢乐的妇人。那些在丈夫生前流着泪水的女人，让她们在丈夫死后内心、外表都笑个痛快吧！因此，不必注意那双含泪的眼睛，那一声声叫人怜悯的叫唤；请留意黑纱下的举止、气色以及丰腴的双颊吧！通过这些就看得一清二楚了。寡妇的健康没有改善的不多，身体状况是装不了的。这种拘泥虚礼的举动与其说是做给逝者

191

看的，倒不如说是做给来者看的，这样做，得益多于付出。

我童年的时候，有位诚实而美丽的夫人（她还健在），是亲王的遗孀。她多穿了些守寡习俗不容许的衣物，有些人责备她，她就对他们这样说："因为我不想交新朋友，也没有再婚的意愿。"

为了不致过分违背我们的习惯做法，我这里也选择三名女子来谈谈，她们都在丈夫临终时充分显示出本人的美德和深情。这些例子虽然稍有不同，但是她们对丈夫的爱都热烈到使她们献出生命。

小普林尼在意大利时，住处附近有一位邻居饱受外阴溃疡的痛苦折磨。他的妻子看着他呻吟不已，就请他允许她贴近仔细察看患处的状况，而且跟他说，她比谁都会更坦率地告诉他想知道的病情。获得许可之后，她便对他做了认真的检查，觉得他已无法康复，他所能等待的，是长期带着难熬的痛苦，了却余生。因此，她便给他出主意：自杀是最可靠、最有效的解药。看到丈夫对此严苛的做法迟疑不定，她便跟他说："亲爱的，我看着你所受的痛苦，别以为我的难过比你要轻，不要以为我不愿意使用我给你开的解药以摆脱自己的苦痛。你健康时我乐意陪伴你，你得病时我也一样乐意。消除这种恐惧吧，想一想我们痛痛快快地跨出这一步便可以从痛苦中解脱；我们高高兴兴地一起离开。"

她的这几句话鼓起了丈夫的勇气。她决定他们从家中一扇朝海的窗户纵身投入水中。为了把生时对丈夫那份忠诚、热烈的感情保持到最后一刻，她还想把他搂在怀里死去。由于担心在坠落时害怕，手会松开而不能合抱在一起，她在拦腰处把自己和丈夫紧紧地捆绑起来；就这样，她为了丈夫死得安宁献出了自己的性命。

正义之神要离开这片土地，

在他们那里留下最后足迹。

——维吉尔

　　这名女子出身低微，在平民百姓当中，这种难得的贤惠举止并不罕见。

　　另外两名女子是富贵之家的夫人，这个阶层，贤德的事例十分稀罕。

　　（选译自卷二第三十五章）

谈身处显赫地位之不适

我们既然不能拥有显赫地位，就来说说它的坏处作为心理补偿吧（不过，找出某件事的缺陷也并不是完全说坏话；所有事物，无论多么美好，多么令人向往，总是有缺点的）。

一般来说，拥有显赫地位的人有着明显的优势：他可以按自身的意愿降低身份，几乎享有进或退的选择自由。因为他不会一下子从极高处掉下来，更多的是他可以下降而不致摔倒。我觉得，我们似乎过分重视显赫地位，也过分重视那些我们看见或听说鄙薄显赫高位或主动推辞的人的决心。事情的性质并非那么突

195

蒙田古堡空中俯瞰

出和了不起，也并非不出现奇迹就无法拒绝高位。我觉得，承受痛苦，做出艰苦的努力十分困难，而满足于一般的境遇，不追求显赫地位却绝非难事。依我看来，这是一种美德；我这样的小人物，无须花太多功夫便能做到。有些人也重视伴随拒绝显赫地位而带来的荣誉，利用拒绝的求名野心比之对显赫地位的追求与享受尤甚。这些人会做出什么事来呢？因为野心的实现从来都靠脱离正轨的歪门邪道更为奏效。

我磨砺勇敢的心志，使之趋于忍耐；我遵循自己的意愿去弱化它。我和其他人有着同样的期望，也任由自己的愿望自由驰骋，不予约束；不过，我却从来没有希冀拥有帝国或王国，也不企求无比荣耀、一呼百应的显赫高位。这方面我没有追求，我十分自爱。当我想提升自己时，也是小步走、缩手缩脚，无论决心、智慧、健康、仪容还是财富，都以适合自己个人为度。威望与强权压抑我的想象力，我跟另一个人①正相反，我宁愿在佩里格②当老二或老三也不愿意在巴黎当老大，或者，说实在话，起码宁可在巴黎居第三，也不愿做位高权重的一把手。我既不愿做个无人知晓的可怜虫与

①　这里指恺撒。
②　佩里格，法国多尔涅省的首府，距巴黎400余公里。

掌门人员发生争执，也不想令人分隔民众开道而行，赢得敬仰。我习惯于居中的位置，我的志趣是这样，我的命运安排亦如此。我在生活中的作为和我所从事的事业都表明：上帝在我出生时给我所设置的高度，我避免跨越，而不是谋求跃升。符合自然的安排总是合理和方便的。

我这人生性怯懦，不以所达的高位来衡量好运程，而是按其便利程度来考量。

（选译自卷三第七章）

鄙弃浮名

　　我们都来鄙视对浮名虚誉的贪图，此种卑贱、乞求的心理令我们向各式各样的人讨好。以卑劣手段、不论任何代价"可以在市场上买来的是什么样的荣光？"（西塞罗）

　　这样得来的荣誉是耻辱。我们要学会不贪图自己能力够不上的荣耀。凡做点有益的好事就自我吹嘘，这只适宜于那些认为事情特殊、稀罕的人们。他们因事情令他们付出代价而张扬其价值。做好事叫得越响，我心中就越起怀疑，它做来更多的是为了扬名，而不是行善，从而减低了其本身的价值。好事显摆出来，已

199

掉了一半身价。这类事情，如果由所做的人不经意而且不声不响地泄露出来，如果之后又有某出身名门的贵人重视，把它亮出来，按其自身的分量公之于众，这样就更有意义。

我认为，不加声张、不在众目睽睽之下去做的事更值得赞扬。

——西塞罗

这世上最自负的人这样说。

（选译自卷三第十章）

"奇迹"的来由

古堡塔楼中蒙田的图书室

我见过当代许多奇迹的出现。虽然它们转瞬即逝，但如果其历程完整，我们仍然可以预见其走向。因为，只需抓住线头，就可以随意放线。世上从无到最微小事物的距离，大于从最微小事物

201

到最大事物的距离。

首批奇迹因其初具稀罕怪异的形态而为人所知所信，其故事便传播开来，由于遇到抵制而感受到令人信服的困难之所在，于是便在这部分添点虚构的成分加以充实。

人们天生就有传播奇闻的倾向。

——李维①

于是我们自然毫无顾忌地把接受的东西照搬照抄，而且添枝加叶。个人的错误先是造成公众的错误，公众错误回过头来又形成个人的错误。由此，整个事件便构建起来，辗转相传，越发充实，到后来，最晚得知的人比最早得知的人听到的消息更多，最后获悉的人比第

———————

① 李维（前59—17），古罗马历史学家。

一个获悉的人更加相信其真实性。

这是个自然的进程。因为，无论是谁相信某件事情，都会认为说服他人相信是个善举。所以，只要认为有必要，他就会毫不忌惮地在自己的叙述中添油加醋，以抵制他料想的别人的抗拒和觉得不足的意识。

（选译自卷三第十一章）

别为死而操心

正视将要来临的死亡需要长期保持坚定的态度，因而这不容易。你不知道死亡，就别为此而操心。大自然会立刻给你提供充分而丰富的信息，也会为你准确地完成此任务，你不必为此大伤脑筋。

死亡时刻不定，死神也不知选哪一条路径，世人哪，你们千方百计查问也是徒费精神。

——普罗佩提乌斯

长期担惊受怕的折磨，

比横遭不幸更令人难过。

——韦加卢斯

我们因顾虑死而扰乱生，又因操心生而扰乱死。生令我们烦恼，死叫我们恐惧。我们不必为死亡做准备，死是极其短暂的事情。只需一刻钟平平常常的痛苦，既无后果，也不造成

蒙田纪念馆

损害，不值得特别的告诫。说实在的，我们做
准备，是针对预备要死的害怕心理。哲学叮嘱
我们，眼中时刻都要有死亡，要预见它并在它
来临之前予以认真考虑。随后，哲学还把规则
和预防措施告诉我们，这样对死亡的预见和考
虑就不至于给我们带来伤害。

　　医生的做法也一样，他们把我们置于疾病
的境地，从而就有了施药和运用医术的对象。
如果我们已经懂得如何死亡，如何以不同于生
活本身的方式去结束一切，那就有失公正。如果
我们已经懂得以坚定而平和的态度生活，我们也
会懂得以这样的态度辞世的。

　　哲学家毕生都在探究死亡。

——西塞罗

　　不过，在我看来，死是生的尽头而不是目

标，死是生的结束、终点，而不是目的。生活应有自身的目标和构想，其正当探求在于自我调节，自我引导，自我容忍。这一关于生活之道的总章和主章中，包含了其他许多课题；在众多的课题中，也有死亡之道这一节。如果不是我们的恐惧令其增加沉重的分量，这该属于最轻松的课题了。

从其实用性和天然的真实性来衡量，这种单纯的课程并不逊色于其他学科向我们宣讲的东西，而是恰恰相反。人们的志趣和能力各不相同，应当按照各人的情况通过不同的途径引导他们自身受益。

无论风暴把我抛到哪个岸边，我都以主人的身份登岸。

——贺拉斯

我从未见过邻家的农人为自己以怎样的举止、怎样的镇定态度去经历最后时刻而思索。大自然教他学会到了临终的时候才想到死亡。他在这件事情上态度比亚里士多德还来得优雅，亚里士多德还受到双重的重压，一则由于死亡本身，二则由于对死亡的长期预想。正因为如此，恺撒有此见解：意想不到的死亡是最幸福、最轻松的死亡。

需要痛苦之前便感痛苦的人，到需要痛苦之时则痛苦愈深。

——塞内加

想及死亡时的苦痛来自于对死亡的操心。我们总想超越并支配自然规则而令自己陷于为难的境地，身强体壮之时想到死亡就不思进食，愁眉苦脸，这种表现只有那些学究才相宜。普通大众无须救治也用不着安慰，除非是到了灾难降临的时候。在这方面，他们感觉到什么才考虑什么。俗人的愚笨和无知无识令其对当前的痛苦具有极强的承受力，对未来的灾难事故也满不在乎，我们不是这样说的吗？我们不也说：普通人愚昧、迟钝，因而对事情不敏感，也不大为此而忐忑不安？如果真的是这样，那么看在上帝分上，我们今后就拜愚者为师吧！多门学科许诺带给我们的最大成果，这愚钝却以极其和缓的方式引导其门生达到了。

（选译自卷三第十二章）

谈相貌

在所有重要品格方面，苏格拉底都是完美的典范。我感到扫兴的是，据说他生就一副奇丑无比的身材和容貌，与他的心灵之美极不相称，而他这人又是那么重视和迷恋外表美。大自然对他太不公平了。形体与精神一致，本该如此。

心灵置于何种身体之内至关重要，因为身体有许多因素可使精神敏锐，也有不少因素导致精神迟钝。

——西塞罗

西塞罗说的是相貌反常丑陋，四肢畸形。但我们说的丑也指乍一看就不顺眼，主要指脸部，常常是一些微不足道的原因令我们反感：脸色、斑点、表情生硬、四肢完整但有种说不清楚的别扭。拉博埃西就属于这一类人：心灵很美，容貌难看。这种外表的丑陋虽然十分严重，但不大损害人的精神状态，对众人的看法也不起决定性的影响；另一种丑陋更准确地说是畸形，更具实质性，更容易冲击人的内心。显露脚型的不是擦得光亮的皮鞋，而是依脚型而造的鞋子。

苏格拉底谈到自身容貌丑陋时说，如果没有靠修养来补救的话，他也会从心灵上显示出丑陋来的。不过，我认为，他说这话只是他通常的自嘲而已。如此美好的心灵绝不会是天生而成的。

我不可能老说，我多么重视美貌，认为它具有占据优势的强大性能。苏格拉底称美貌为"短期的控制"，柏拉图则称之为"自然赋予的特权"。我们没有什么比它更有影响力，它在人际交往中占据着首要位置。它展现在我们面前，以其强大的威势控制我们的判断力，使人对它产生深刻的印象。雅典名妓弗里内要不是解开了衣裙，美艳动人，腐蚀了法官，她的官司就会输在一名优秀律师的手里。我注意到居鲁士、亚历山大和恺撒这三位世界霸主，在处理重大事务时，也都没有忘记美色。大西庇阿也是这样。

在希腊语中，"好"与"美"用同一个词。圣灵通常称他认为美的人为好人。有一首歌取自某位古代诗人的诗作，据柏拉图说，传播很广。歌中对好事这样排列：健康、美貌、财富；我很赞同这个次序。亚里士多德说，指挥权属于俊秀之士，谁人的俊美接近诸神的形象，谁就应该受到同样的尊崇。有人问他，为什么大家跟俊俏人士交往得更长久、更频繁，他回答说："这是盲人才会提的问题。"大多数哲人，最伟大的哲人都以自己的俊美为媒介来获取知识。

不光对侍候我的人，就连对牲畜我也持这样的看法：美的就差不多接近善的。不过我觉得，人们据以推测某些内在气质和未来命运的脸部轮廓和线条并不能直接、简单归入美丑的范围。就像香味与清新空气不能保证健康，瘟疫时期的恶浊气味也未必传染疾病。

那些指责女子的品性与美貌背离的人不一定都说得对；因为不大端正的面容可能带着诚挚可信的神气，而相反，我有时也见过，一双美目之间显露出狡狯、险恶的凶光。有些相貌给人好感，比如当你在一群获胜的敌人当中，这些人都是陌生的，你会选择这一个而不是那一个向他投降，把自己的性命托付给他，这时就并非真正考虑美貌。

面容可提供的保证有限，不过还是值得加以重视的。倘若由我来对恶人施行鞭刑，我会对那些脸面上透露出言而无信本性的人鞭打得更凶，对那些表面仁厚的狡诈之徒惩罚得更狠。看来有些容貌属福相，而另一些则显示不祥。我相信有某种心术，可以辨别出面容的厚道与愚笨、严肃与严厉，辨别出狡黠与郁闷、轻蔑与忧愁以及其他诸如此类的相近神态。有些美女不但高傲而且尖酸，也有一些是温柔的，还有一些除温顺之外平庸乏味。凭此来预测未来的命运，这是我留待他人去解决的问题。

（选译自卷三第十二章）

人之常规

    伊索这位伟人，看见自己的老师一边散步一边撒尿，便说："这么着，我们就该一边跑步一边拉屎了？"安排好时间吧，我们还有许多空闲的、使用不当的时间。我们的身体必须有少许的空隙时间以满足自身的需要。如果我们的精神不摆脱躯体的羁绊，就很有可能得不到足够的时间来处理自己的事情。

    有些人要超脱自己，想以超人的面目出现，这是愚蠢之举。他们不会成为天使，只会变成牲畜；他们非但不可能拔高自己，反而会降到极低点。正如不可登临的高峰令人生畏那样，我也害怕这种自我拔高的思想情绪。在苏格拉底的生活中，我觉得一切都很好接受，而最难于接受的是他那入定的做法以及他通鬼神的举止。而在柏拉图的身上，人家称之为圣者的方面，那是最富于人情味的。在我们的诸多学问中，我认为那些令我们升华得最高的学问是最平凡，也是最世俗化的。亚历山大的一生中，他关于自己长生不死的妄想，我觉得完全是凡夫俗子所为。菲罗塔斯①在回函中用开玩笑的口吻讽刺他（阿蒙②下达的神谕将亚历山大列为神明，菲罗塔斯致函表示替他高兴）：

"就您这方面来说，我是十分高兴的，不过，普通人就可怜了。他们要和一个超越常人、不满足于人之常规的人生活在一起而且要

① 菲罗塔斯（？—前330），亚历山大武官，被控叛君之罪。
② 阿蒙，古埃及神祇，罗马人视之为朱庇特，即希腊神话中的宙斯。

服从他。"

　　您受命于神，才能统治世人。

　　　　　　　　　　——贺拉斯

　　雅典人为了庆贺庞培进入雅典城，刻下这么一道富有意义的题铭，它正好表达了我的思想：

　　你自认是人，
　　你才成为神。

　　懂得堂堂正正地享受人生，这是至高甚至是至圣的完美品德。我们不懂得利用自身的生存条件却去追求别的什么条件，我们不知道自身的内部是怎么一回事，却要自我超脱。
　　我们踩在高跷上，那又有什么用呢？即使在高跷上，也还得运用双腿才能走啊！即便登上世界最高的宝座，那还得靠臀部去坐。

我以为，最美满的人生，就是符合一般常人范例的人生，井然有序，但不出现奇迹，也不超越常规。而长者则需要多点关照，让我们将其托付给健康与智慧的保护神①吧，可那是喜悦而又随和的智慧：

> 拉托娜②之子，请允许我
>
> 享受财富且维持体魄健康，
>
> 机能完好，晚年不失尊严，
>
> 依然可以拨弄竖琴吟唱。
>
> ——贺拉斯

（选译自卷三第十二章）

---

① 指阿波罗，希腊神话中的太阳神。

② 拉托娜，阿波罗之母。

勇胜与智取

卢西乌斯·马西乌斯，古罗马的军团长，他同马其顿国王佩尔修斯作战时，想争取时间部署好部队，便放风要求谈和。国王因麻痹而失去警惕，答应休战几天，由此给了敌人加强武装的便利和时间，自己也就走向最终的灭亡。

不过，马西乌斯的这一举动却被因循守旧的元老院的元老们指责为违背了传统。他们说，祖先打仗全凭勇敢，不靠诡计，不搞夜袭，也不佯作逃跑或出其不意反击，而只是在宣战以后，并且往往是确定了交战的时间和地点之后才开战。按照这种道德意识，他们把背叛皮洛士的医生交给皮洛士，把背叛法利斯克人的坏老师送还给法利斯克人[①]。这纯属是罗马人的做法，与希腊人的机灵和迦太基人的诡诈不同，对后者来说，靠武力取胜不如用计谋光荣。

罗马人认为，欺诈只管用一时，要使敌人服输，必须让他们知道不是靠诡计和运气，而是靠公平、正规的战争中，两军对阵时的勇武。从这些谦谦君子的言语里看出，他们还没有接受下列的精彩警句：

> 智取或是勇胜，对敌人又有何区别？
>
> ——维吉尔

波吕比乌斯曾说，亚加亚人憎恶在战争中使用任何形式的欺诈手段，而认为只有令敌人

---

① 医生答应罗马人，要毒死皮洛士；那教师出卖法利斯克的学子，把他们交给罗马人。

内心折服才算作是胜利；另一人则称："贤德的人士深知，惟有无损于诚信和荣誉的胜利才是真正的胜利。"

命运主宰者赐宝座与你还是与我？

让我们用勇气来证明吧。

——恩尼乌斯①

被我们不屑地称为野蛮人的民族当中，有一个属于代纳特王国，他们的习俗是先宣战后开战，还要详细通报使用的手段：人员数量、军事装备、进攻和守卫的武器。这样做之后，如果敌人不退让或不妥协，他们也就有权使用最坏的狠招，认为不会因此而被指责为背信弃义、诡计多端和不择手段去取胜。

_____

① 恩尼乌斯（前239—前169），古罗马诗人、戏剧家。

　　古代佛罗伦萨人不愿意靠突然袭击来克敌制胜，因此，在用兵布阵前一个月就不停地敲响他们所称的玛西内拉战钟，通告对方。

　　至于我们，倒没有这么死心眼儿。我们认为，谁取得战果，谁就享有战功荣誉；我们继来山得①之后声明：狮子皮不够，就得用一块狐狸皮，因此出奇制胜已成为常用的兵法。我们认为，在谈判和缔约进行的时刻，将领尤应保持高度警惕。故此，当代军事家常把这么一条行为准则挂在嘴边：守城被围时，统领本人绝不应亲自出去谈判。

　　　　　　　　　　（选译自卷一第五章）

────────

① 来山得（前？—前395），斯巴达将领，以用计取胜著称。

新大陆

我们的大陆刚刚发现另一个大陆（谁能向我们保证，这是它最后的兄弟呢？既然众精灵、女祭司还有我们自己当时都一直不知道它的存在），这块地方不比我们的大陆小，"肢体"一样齐全壮实，但属新兴，十分稚嫩，还要人教它ABC。五十年前，它不识文字，不知度量衡，不穿衣服，不种小麦和葡萄，赤裸裸地躺在大自然母亲的怀中，靠母亲的乳汁生长。如果我们断定我们正走向世界的末日是对的，那么这位诗人①说正处于欣欣向荣的时代也

①　指卢克莱修。

是对的。另一个大陆如旭日东升，而我们的大陆正日薄西山。世界将要瘫痪，它一侧肢体动弹困难，另一侧却充满活力。

我十分担心，由于我们的传染，大大加速那个大陆的衰败和毁灭；我担心我们的思想和技艺要让它付出高昂的代价。那是个天真烂漫的世界，我们不要以我们的才能和天然力量的优势去教训它，逼它就范，不要用我们的正义

发现新大陆

和仁慈去诱惑它，也不要以我们的阔绰大方令其依附。那些人的应答和跟他们的谈判大都表明，他们在思维清晰和处事得当方面，一点儿也不比我们逊色。

库斯科城和墨西哥城的繁华令人惊奇，在诸如此类具有重大价值的事物中，要说到那位国王的御花园。园里树木和花草都按原样大小用黄金造成，置于园内相应的位置。同样，在其工作室里，也摆放金子仿制的王国中和领海里的一切动物。还有，他们的玉石、羽毛、棉花的工艺制品以及绘画作品都异常精美。一切都表明，他们在心灵手巧方面并不比我们逊色。

说到虔诚、守法、善良、大度、正直与坦率，我们不如他们，这竟帮了我们的忙。正是这样的好品德毁了他们，令他们自己被出卖，被背叛。至于胆量、勇气、坚毅、忠贞，面对痛苦、饥饿与死亡的坚定态度，我不怕拿那些

1553年发现美洲新大陆时的地图

在他们当中找到的事例跟我们这个大陆载入史册的古代最著名的事例作对比。

…………

这些人的心灵涉世未深，渴求知识，他们几乎全都处于自然状态，具有良好的开端。从他们身上受益，本是多么轻而易举的事！然而相反，我们却利用他们的无知、缺乏经验，以我们的习俗所提供的榜样和范例，顺利地把他们引向背叛、奢华、贪婪以及形形色色的不人道的残酷行为。谁曾为了通商、非法交易付出过如此高昂的代价？多少城镇被夷平，多少民族被灭绝，千千万万的人惨遭杀戮，世界上这块最富饶、最美丽的地方，为了珍珠和胡椒的贸易竟被搅得地覆天翻！多么可耻的胜利！

（选译自卷三第六章）

专名对照表

（专名的音译多从拉丁语，本表仅附法语原文）

- 阿波罗（Apollon）
- 阿克齐乌斯（Accius）
- 阿提库斯（Atticus）
- 奥古斯丁（Augustin）
- 奥维德（Ovide）
- 彼特拉克（Pétrarque）
- 毕达哥拉斯（Pythagore）
- 波吕比乌斯（Polybe）
- 波萨尼亚斯（Pausanias）
- 波斯图缪斯（Posthmius）
- 布鲁图斯（Brutus）

- 达娜厄（Danaé）
- 狄奥多罗斯（Théodore）
- 底比斯（Thèbes）
- 底里达特（Tyridate）
- 恩尼乌斯（Ennius）
- 斐迪南（Ferdinand）
- 菲罗塔斯（Philotas）
- 汉尼拔（Hannibal）
- 贺拉斯（Horace）
- 赫西奥德（Hésiode）
- 卡西乌斯（Cassius）

- 卡图卢斯（Catulle）
- 坎图斯·库尔提乌斯
  （Qinte-Curce）
- 拉博埃西（La Boétie）
- 拉比利乌斯（Laberius）
- 拉托娜（Latone）
- 来山得（Lysandre）
- 莱克格斯（Lycurgue）
- 老普林尼（Pline l'Ancien）
- 李维（Tite-Live）
- 莉丝碧（Lesbie）
- 利西马科斯（Lysimaque）
- 卢卡努斯（Lucain）
- 卢克莱修（Lucrèce）
- 马尔提阿利斯（Martial）
- 玛丽·斯图亚特
  （Marie Stuart）
- 玛土撒拉（Mathsalem）
- 梅特罗道吕斯（Métrodore）
- 米利都（Milet）
- 帕拉斯（Pallas）

- 庞培（Pompée）
- 佩尔西乌斯（Perse）
- 佩里格（Périgueux）
- 普卢塔克（Plutarque）
- 普罗佩提乌斯（Properce）
- 让·塞孔（Jean Second）
- 塞内加（Sénèque）
- 梭伦（Solon）
- 塔索（Torquato Tasso）
- 狄奥菲洛斯（Théophile）
- 泰伦提乌斯（Térence）
- 泰特斯·里维厄斯
  （Tite-Live）
- 提尔（Tyr）
- 维吉尔（Virgile）
- 韦加卢斯（Pseudo-Gallus）
- 西塞罗（Cicéron）
- 小普林尼（Pline le Jeune）
- 尤维纳利斯（Juvénal）
- 阿蒙（Hammon）